夢見る
精神障害者

高森 謙児
Takamori Kenji

風詠社

目　次

装幀　2DAY

私は精神障害者です

皆さん、はじめまして。
ご覧いただき、ありがとうございます。謙児といいます。
実は私、精神障害者なんです。
今、さらっと言い過ぎましたね。なので、ちゃんともう一度
書きます。
私は、お国から認められた、立派な精神障害者です。
２級の手帳を持っています。
そして、障害年金もいただいています。
健常者の方が納めている、社会保険の中から
いただいているわけですから、申し訳なく思うこともしばし
ばです。

なので、こんな私でも社会に恩返しができることはないかと
一生懸命に考えていたのですが、出た答えは「起業」という
実に無謀な結論でした。

とうとう私もここまで狂ってしまったか！　もうひとりの自
分はそう言っています。
でも、やりたいんです。
このまま年金暮らしを続けていても、きっと満足した人生は
送れないでしょう。

だから、できることは全て当たって、悔いの無い人生を送りたいんです。
それでダメだったらそれでもいいんです。

私は諦めて何もしなかった自分より、最後まで可能性を探し続けて、それでも結果が得られなかった自分のほうが、最も自分らしい生き方だと確信しています。

そのために、筆を執ることにしました。

・世の中の精神障害者の方に希望を与えること
・精神障害者だってやればできる、ということを広く世に認知させること

この２点を達成させることが、私の切なる願いです。
よろしければ、どうぞこんな私にお付き合い下さい。

そもそも何故「起業」なんぞを思いついたのか 1

こんにちは謙児です。

タイミングやきっかけ、というのは不意にやってくるものです。
私も今回このような考えに至るにあたって、いいタイミングをつかんだと思うところが多いです。

私は、発病する前から、とある資格の取得支援サイトを運営していました。
もう、20年以上になります。
どういう訳だか、Yahoo! のカテゴリに一発審査で通ってしまいまして、それからはもう、鬼のようにアクセスが増えまくりました。
掲示板などでも、毎日活発で熱い議論が繰り広げられ、私もそれにつられて、新コンテンツの追加やCGIゲームの設置など、せっかくのお客様に満足していただけるように、ともかく全力を注ぎました。

ところが、10年ほど前からでしょうか、急激にアクセスが落ちてしまい、看板コーナーだったはずの掲示板もみるみる寂れていきました。

今はわかるのですが、その時は何が原因でそうなったのか、皆目見当がつきませんでした。

いろんな施策を昂じましたが、以前ならばすぐに反応が出たようなアイデアでも、さっぱり客足が戻って来ないのです。

これでは、サイトを運営する意欲も削がれるというものです。ただ、閉鎖にだけはしたくなかったので、一時期はもっと能力のある人に譲ろうかとも考えたことすらありました。

しかし、相談できるようなところを探して尋ねてみたところ、「絶対にやめておけ」との忠告を受け、思いとどまることができました。
その代わり、更新なども一切しなくなりました。
見返りがないとわかっていて、施策を施しても、ちっとも面白くないですから。

そうこうしているうちに、時間だけが過ぎていきました。
その間に、私のサイトに追いつき、追い越せとした人も少なからずいたようですが、どういう訳だか、何も手を入れていない私のサイトが個人運営サイトとしては Yahoo、Google 共に検索 1 位の座は変わらずでした。

自分でも不思議でしょうがなかったのですが、ともかく、それが事実でした。

しかし「ある」ことをきっかけに、私のサイトを蘇らせることが可能なのではないか、と思うようになりました。これはごく最近の話です。

そもそも何故「起業」なんぞを思いついたのか 2

こんにちは、謙児です。

では、前回の続きからお話しましょう。「ある」こととは、具体的なことを書いてしまうと私が誰だかバレてしまうので、書きませんが、ネット上ではとても有名な方が私がHPのテーマとして扱っている資格を取得した、というニュースを耳にしたのです。
もちろん、驚きは隠せませんでしたが、「神の啓示」じゃないですけど、そんな何か私を動かすものがありました。

そうです。「これ、商売にできるぞ！」私の勘ははっきりそう言っていました。

「思い立ったが吉日」これは私のモットーです。ともかくネットで検索しまくって、相談できそうなところに片っ端から当たりました。

不思議なもので、こういう時にはちゃんとふさわしい人が見つかるもので、名前こそ知られていないものの「ネットビジネスの神様」みたいな人に辿り着きました。
その人曰く、「この手のサイトは今後伸びて、儲かる可能性が高い、早期に対策せよ」と言うのです。

私の勘は結構いい線いっていたのだ、これはやるしかないな、
そう確信した瞬間でした。

そして、もしや、と思い、電話でコンタクトを取ってみたい
ところが見つかりました。

そもそも何故「起業」なんぞを思いついたのか 3

こんにちは、謙児です。

その「思い当たったところ」というのは、東京にある専門学校です。
私の扱っている分野に関する専門学校というのは数ありますが、特に私のHPで扱っている資格に特化して教えているのは、この学校しかなく、どうも私のHPのことも知っているような気がしたもので、思い切って電話をかけてみました。

果たして、案の定知っていました。それどころか、その担当者さんによると、この教育に携わる教育関連の仕事をしている人はもちろん、お役所である主催団体も私のHPのことはみんな知っている、と言うのです。

まるで狐につままれたような気分でした。もちろん、その時は「本当かなぁ」くらいの気持ちでしかいませんでした。

でも、「いつでも学校に来てもらっていいよ」とまで言われると、ますます「こ、これは・・・」と感じざるを得ませんでした。

ともかく、私は一度その専門学校を訪れる必要があると思い

ました。

からかわれているだけかもしれないとも思い、何度か確認を
してみたのですが、やはり答えは Yes でした。

これは行くしかないだろう、と気がつけば東京行きのチケッ
トの手配を済ませていました。

そうして、私ははるばる東京まで足を運ぶこととなったので
す。

そもそも何故「起業」なんぞを思いついたのか 4

こんにちは、謙児です。

いよいよ東京へ出向く日となりました。ほかにも所用がいろ
いろとあったのですが、それを終わらせて、その専門学校に
勇気を振り絞って出向くことにしました。

しかし、そこで聞いたのは恐ろしくとんでもない話でした。

まず数名の講師の方とお会いしたのですが、皆が皆私のHP
を知っていて、見たことがあるというのです。
そんなに大きな専門学校でもないので、学長さんにもお話し
を伺ってもらえたのですが、その学長さんから、私のサイト
は「お化けサイト」だったのだ、と聞かされました。

確かに、私は自分のHPの訪問者に少しでも役立ててもらえ
るよう、全力を注いでいました。
その昔、Yahoo! 検索1位だったことにもプライドを持って
「良いサイトとは何か」かを一生懸命模索していました。

しかし、あくまでそれは全くの趣味であり、それでお金を
取って儲けようとはこれっぽっちも考えていませんでした。

でも、学長さんらのお話から察するに、この資格に纏わる全ての人が、私のサイトを注目しており、受験者の動向を把握する判断材料に使っていた、そのことを認めざるを得ませんでした。

そして、気がつけば、もはや誰も真似することができないほどの、サイトに仕上がっていた、それが真実であったことを知りました。

「灯台下暗し」とはよく言ったもので、私はいつもずっと遠くの目標を見据えてサイト運営をしていました。
でも実は、もはや私でしかできない、知り得ないことをやっていた、そのことに全く気づいていませんでした。
私はアホもいいところです。
ここまで、はっきりと言われないと真実に気づかなかったのですから。
そして、その場で何故私のサイトのアクセスが落ちたのか、という理由もわかりました。
それはそれは驚くべき内容でした。

そもそも何故「起業」なんぞを思いついたのか 5

こんにちは、謙児です。

話はまだまだ続きます。

「え？ 今の大学生は、算数すらできない？？？」
後で知ったのですが、とある大学教授がそんな本を書いていたそうなのですが、それが間違いではなかったことを聞かされました。

私も、にわかには信じられませんでした。でも、ここで書いているのは精神障害者の戯言です。読んでいる皆さんにも信じてもらおうとは思いません。

しかし、私が少なくとも感じたのは、上記の通りです。

このため、その専門学校では、まず小数点の掛け算とか割り算から教えているのだそうです。

小学生の学習塾じゃあるまいし、本当にそうだとしても、ドリルでも渡して解けるようになってから来い、とでも言えば良さそうなものですが、今の若い人は「怒られる」という意味すらも知らないらしく、そんな対応を取れば、嫌がって出

席をしてくれないのだそうです。

ここで私は嫌というほど、日本の教育水準の現在での低レベル化というのを目の当たりにしました。
そりゃ、多少は報道でレベルが低くなっているのは知っていましたが、全員とは言わないまでも、かなりの大学生が算数すらできない……
それはそれは、ショッキングでした。

ここでは算数を例に挙げてみましたが、他の教科でも同じです。
ですので、国語・現代文の読解力も相当落ちているという意味も指します。

私のHPのアクセス数が急激に落ちたのは、ここに原因がありました。
そのことにやっと気づきました。私のサイトは、あまり図などを使っておらず、極力文字で解説などをしています。
当然、この資格をクリアするには、それなりの読解力も必要となりますので、決して難しい言葉は使っていませんが、今書いているこの文章の程度と同じ水準で記載をしています。

それが、ここ５年で急激に学力が低下したおかげで、読んでも理解が出来ない、字ばかりで読む気になれない、そういうサイトに成り下がっていた、何とも馬鹿げた話ですが、それが真実であることも知りました。

でも、それを逆手に取れば……
いくらでも商売になる、そう思ったのもまた事実です。

でも、そんな馬鹿な……
私は18歳人口が一番多かった激戦のときに、ちょうど大学受験を迎えました。
どうしても東京6大学に行きたかった私は、渋る親に必死に頭を下げて、2年浪人して、念願を叶えました。
あれは一体何だったのか。

ここまで来ると、今の若い人はとても可哀想だと思います。
そのまま社会人になってしまったら、どうなることか・・・
考えただけでもおぞましいです。

しかし、それを認めて早急に対策を練らねば……、そう思ったのも事実です。

そんな話をしていたら、いい時間になりました。
学長が晩御飯をおごってくれるというので、もちろん言葉に甘えました。
でも、もう一人呼びたい人がいるのだそうです。
私はあまり見当もつきませんでしたが、そう深く気にも留めていませんでした。

しかし、その人とは……

そもそも何故「起業」なんぞを思いついたのか6

こんにちは、謙児です。

その人とは、結論から言うと私の HP の掲示板の常連さんで
した。
「な〜んだ」皆そう思うところでしょう。
でも、話は最後まで聞きましょうね。

仮に、その人が実はこの国家資格の出題決裁権限のある偉い
人だった、なんて言ったら、どう思います？

まるでマンガです。ただ笑うしかありません。
ていうか、普通こんなこと、在り得ません。

ごめんなさい、ちょっと脚色を入れてしまいました。
と、言っても逆の意味です。
何と……仮に、じゃなくて、本当にそうだったんですよ！！！
今思い出しても、とても冷静ではいられませんっ！

ここで、「やっぱりこの人は、精神障害者なのか、可哀想に」
そう思ってもらっても構いません。

ただでさえ、おかしな頭がもっとおかしくなるかと思いまし

た。

「そんな、アホな……」

そんな思いがぐるぐると、いつまでも頭の中を駆け巡っていました。

その夜、私は一睡もできませんでした。悪い夢ならとっとと覚めてほしい、ではなくて、いい意味とは言えど、あまりに衝撃的過ぎて、頭の中で処理しきれませんでした。

しかも、次回から各専門学校と主催団体とがディスカッションする場に私も招かれる、と聞いた日には、もう思い当たる適切な表現が全く思い当たりませんです、ハイ。

どうしたら、ただの精神障害者が趣味でやっていたようなことで、こんな事態になるなんて予測がつくでしょうか。

これから先は、もうイッちゃってる人の戯言です。
「世の中には、こんな救いようも無い馬鹿もいるんだな、わっはっは」

そう思って読んでもらって、結構です。でも、私が成功して、世に名を連ね、逆にアワを吹くのはあなたのほうです。

気がつけば、私はそれだけのことを今まで知らず知らずのうちにやっていたのです。

とても、自分が自分のことを信じられなくなりました。

そもそも何故「起業」なんぞを思いついたのか 7

こんにちは、謙児です。

さて、前回かなりぶっとんだことを書いてしまいましたが、どれくらいの人がついてこられているでしょうか。

前回の最後に書いたように、精神障害者の妄想がどれくらいヒドいのか、見届けてやろうと思う人もいれば、こりゃネタだろうと思って、読み物として楽しもうとする人、それぞれだと思います。

ですけど、残念？なことに今まで書いたことはすべて真実です。
とても信じてはもらえないでしょう。本来の私も、もう一人の私も、「とても信じられない」と言っています。

とても信じられませんが、事実は事実として、受け止めねばなりません。

実は、前回のあの時点で、「私はこの道で生き、正式な事業として経営者になるべきだ」と心に決めていました。

だって、私でないとできない仕事ですから、そんな仕事があ

るのなら、喜んで何でもやりますし、どこへだって馳せ参じますよ。

と、いうことで、何度か前に書いた「ネットビジネスの神様」と、その後メールでやりとりしたのですが、「ネットビジネスの神様」は、私の言うことをちゃんと信じてくれたようです。
じゃないと、「個人事業主では絶対にダメ、株式会社でいきなさい」なんて返事、普通は寄越さないですよ。

と、いうことで、遠からず私は、株式会社の代表取締役社長になります。

こう書いていても、まだ自分でも実感が湧きません。
確かに、学生の頃は、いずれは独立して起業したいという夢は持っていましたよ。
でも、今頃になって、こんな体になった今、それが叶う、というか、そうせざるを得ない状況になるとは、誰が思ったことでしょうか。

今や、賛同するみんなが後押ししてくれています。それを今さら自分勝手に「やっぱやーめた」なんて真似、私にはとてもできません。

と、いうことで、私はやります。やって、必ず成功させてみ

せます。

かなり先の話にはなると思いますが、精神障害者でも社長業をやれたのだという証拠に、私の本名から、本業でやっているサイトの URL まで、全部公開するつもりです。

これで、私はウソを言っている訳でもないし、狂っているわけでもないことを信じていただけるでしょうか？

これから、いろんなことがあるでしょう。進展があれば、またここでご報告いたしますので、気長に待っていてください。

その間、私が今までどのような人生を歩んできたのか、少しずつ説明していきたいと思います。

今後とも、どうぞよろしくお願いいたします。

名医との再会

こんにちは、謙児です。

今日は病気が発症した頃に、大変お世話になったドクターに
約7年ぶりに会ってきました。

と、いいますのも、事業を起こすにあたって、まず克服すべ
きなのは、この病気でもあるからです。そのためには、どん
な手を使ってでも「10年以内に病気を完全に治す」という
目標を立てました。

その一環として、その昔お世話になったドクターを探して、
今一度診てもらう、という行動に移すことにしました。

なぜそのドクターなのか、というと、今まで散々いろんなド
クターを見てきましたが、私に対して一番親身で、的確な診
断をしてくれるのはそのドクターだったのだと、はっと気づ
いたためです。

そのため、それこそ「どんな手を使ってでも」今、どこの病
院に勤務していて、どうすれば再会できるのか、と考えたと
ころでした。
が、然るべき相談できるところに問い合わせたところ、たち

どころに見つかってしまって、拍子抜け、という感じでした。

かなり時間は経過していたものの、あれだけ親身に私の身を案じてくれたドクター、きっと私のことも覚えてくれているはず、と確信に近いものはあったのですが、やはりよく覚えてくれていて、快く診察に応じてくれると聞いた日には、もう感無量でした。
実際にそのドクターと会ってみて思ったのは、多少の年月の経過は隠せませんでしたが、やはり私の知っている、「あの」ドクターだった、ということです。

やはり私の望む「名医」でした。
カウンセリングや心理テストなど、まさに私が望む療法をすぐさま察知して、実行に移してくれました。

この「名医」との関係は断ち切ってはいけない、まさにそう感じた瞬間でした。
そして、きっとこのドクターなら、確かな方向性を示唆してくれるはず、そう確信した瞬間でもありました。

と、いうことで、自宅からはちょっと遠いですが、定期的にセカンドオピニオン、という形で、今後通うことになります。
健康面でも光が見えた、「そのとき」でした。

果たして精神障害者なのか!? 1

こんにちは、謙児です。

前回、「10年以内に必ずこの病気を治す」と、公約を掲げた
私ですが、
そのためには、「どんな手を使っても」達成する。と書きま
した。

これは、素直な私の悲願です。

ですが、いろいろと様々な角度から当たってみたところ、そ
もそも私は「統合失調症」どころか、「精神病ではない」と
いう見方をする人まで現れて、うーむ、と唸っているところ
です。

これには思い当たることもあって、最初入院したところは旧
態依然の病院で、本当にそんな長期間入院する必要があった
かは別として、10ヶ月間入院したのですが、なんと開放病
棟と閉鎖病棟との間を3往復はしたのです。
そのときの主治医は院長で、その評判はどうだかわかりませ
んが、ともかくこれは、経験の深い精神科医でも扱いきれな
かった、ということを意味するような気がしてならないので
す。

精神病院というところに心得がある人ならわかると思うのですが、普通はこんなことありえません。少なくとも、こんな患者、私の知る限り前代未聞です。

当事者の私が言ってもナンですが。

それで、今わかっていることは、どうもドクターも「何らかの症状は出ているものの、原因不明、ともかく、統合失調症の薬を与えておけば落ち着くらしい」という見方が濃厚だ、ということです。

ですので、カルテ上の私の病名は間違いなく「統合失調症」なのですが、その症状に付きものの「幻聴」「幻覚」といった現象は全く無く、ずっと不審を抱いていました。

私が気づいていないだけかも知れない、と思い、先に書いた「名医」にも改めて尋ねてみたのですが、やはりそういった症状はみられない、というのです。

かといって、病名も存在しないような奇病、というわけでもないようで、少なくとも今は、言わないと絶対にわからないくらい、ぱっと見や言動も至って冷静です。そこまで回復はしています。

まあ、疲れやすかったり、へこみやすかったり、時折非常識

な言動や行動を起こす、という症状なら私も自覚しています。
もっとも、3つ書いたうち、最後のものは自分でもコント
ロール不能で、そこをまず第一に直さないと、どこかで、大
変なことをしでかして失敗する、という大きな懸念があり、
「必ず治さねばならない」という、現在の心境であるわけで
す。

しかし、医者でもわかってないことを誰ならばわかるのか、
永遠と思われるテーマにズバリ答えてくれるような人を見つ
けたのです。
これもまた、偶然ではあったのですが、確かにこれなら合点
がいくのです。

でも、そのこととは、「本当に信じてもいいのかなぁ」と、
誰もが思うような事柄です。

そのこととは……

果たして精神障害者なのか!? 2

こんにちは、謙児です。

「黒い、既に人の形をしていない影が見える」
はぁぁぁ？
これは、私がやっとのことで見つけ出した霊媒師が言った言葉です。

「おお、謙児よ、君はそんなものまで真に受けてしまうまでにイカれてしまったのか……」

毎度毎度同じようなセリフで申し訳ないです。でも、霊験あらたかで実績もある霊媒師はそういうのです。

今まで私が起こした、精神病としか思えない言動や行動も、すべて「黒い影」が起こしたもので、私は全くの健康体、精神病でも何でもない。それさえ取り除けば症状は治まる。

そんなものが存在するのなら、確かに医者でもわからないはず、合点がいったという意味はそこでした。

もちろん、疑うほうが先でしたよ。

でも、ですよ。電話カウンセリングを終えて、いざネットバンクから料金を支払おうと、ログインして振込先情報を入力しようとした折、今、書いている私の一番大切にしている、この決して安物でない、タワー型の愛機が唸りを上げた……

私は、その霊媒師の言うことが間違っていないのかもしれない、と思い出したのは、この私の分身とも言える愛機が必死に悲鳴を上げている、まさにそこでした。

もちろん、こんなこと誰も信じてはくれないでしょう。
そういえば、私はこのくだりを今まで何度書いたでしょうかね。

でもこれもまた事実なのですよ。

一時呆然ともしましたよ。そりゃ、機械ですから遅かれ早かれ壊れることもあるでしょう。でも、よりにもよって、こんな時に……

私は決して霊感があるほうではないです。というか、全くといっていいほどありません。

ですが、私は愛機を信じてみようと思いました。そして、次なる行動に移さざるを得ない気持ちになりました。

こんなこと、生まれて初めての出来事でした。

ただただ、驚くばかりでした。

その時に発せられる言葉はそれしかありませんでした。

果たして精神障害者なのか!? 3

こんにちは、謙児です。

翌日、私は霊媒師が言ったヒントを元に、父と共に山深いお寺さんに赴いていました。

両親は面白がっているのか、信じてくれているのかわかりませんでしたが、ともかく私が伝えたことを少なくとも否定はしませんでした。

そのお寺で対応してくれたのは、まだ若い和尚さんでしたが、かなりな「やり手」というのが強く見て取れました。健常者である父もそのように感じていたようです。自分の父親ですから、父もそう感じたことは手に取るようにわかります。

そこでやはり、その和尚さんも「星を見ても、精神病を患っているとは全く出ていない」
というのです。
私は霊媒師の言ったことを頼りに、そこへ来たことを伝えてはありましたが、何と言ったのか、伝えていなかったのに、こう言ったのです。

本当に、実は精神病ではなかったのか……

まだ半信半疑でしたが、読んで字のごとく、信じようとしている自分がそこにいました。

そして、願をかけてもらい、護符のようなものまで頂戴しましたが、決して高額を納めたわけでもなく、何度も来いとも全く言われませんでした。
これは、先の霊媒師も同様です。

ですが、きちんと精神疾患と診断されている方々には大変申し訳ありませんが、霊媒師と、この和尚さんがアドバイスしてくれたこと、決して難しいことでもお金がかかることでもありません。
たったそれだけのことを日頃から肝に銘じ実践すれば、症状が治るのだとすれば、騙されていたとしても、決して痛手ではありません。

「じゃあ、試しに騙されてみようじゃないか、本当にそれで治るのであれば！」

そう決断するのに、時間は大してかかりませんでした。

もちろん、こんなこと先日の「名医」にも言えませんが、精神科としての治療はこれまで通り受けつつ、彼らの言ったことも実践してみようと心に誓いました。

そして帰宅後、この文章を例の愛機を使って書いているのですが、最初は少しまだ、たまに唸っていたのですが、今はぴったりと止んでいます。

実を言うと、ソフトのほうですが、私は長年技術者として働いていました。ハードの知識も多少ありますが、前日、何をやっても悲鳴が止まらなかった愛機が、今では、いつも通り大人しく私の指示に従って、仕事をしてくれています。

これは一体何なのでしょうか……

おそらく、現代の科学をもっても解明できない、謎の現象。私はそう捉えずにはいられませんでした。

前回も書きましたが、こんなサイコな現象に遭遇したのは生まれて初めてでした。

しかし、こんな事実を突きつけられると、何かある、と思わずにはいられません。

私は、確実に前進しているのだろうか……恐らくその答えは３ヶ月後くらいにわかることでしょう。

それはともかく、信じてくれとは、もはや言いません。
でも私が感じ取った事実はこの通りです。

それでも、私は狂っていると人は言うのでしょうか。読んでいる皆さんに問いたいです。誰か、真実を教えてください。

どうしたら、私はこんなに前向きになれたのか

こんにちは、謙児です。

そろそろ、こういう質問もあるだろうと、自分で書いちゃいます。
「何であなたは、そんなに前向きでいられるの？」
リアルの世界でも、人からよく言われます。

あんまり深くは考えていませんでしたが、ちょっと掘り下げてみようと思います。

実を言うと、私だって自殺しようと思ったこと、何度だってありますよ。
事実上、会社をクビになったことも何度もあります。

そして、「自分の人生は、今度こそ終わった」何度、こう思ったことでしょうか。

リストカットこそありませんが、OD（薬の大量服薬）やらかしたこともあります。

でも、その度に立ち上がり、前向きな目標を見つけることができて、今日に至っています。

もちろん、心に傷を人一倍多く負ってから立て直すのですから、健常者の人よりも時間はとてもかかります。

ですが、何かあっても、私は必ず新たな目標を見つけて、その度に立ち上がってきました。

でも、何でそう思い切れるのか、と言われると自分でも言葉に詰まりますが、何か動けば必ず結果が付いてくる、という根拠の無い自信が自分のどこかに根付いていて、それが自分の原動力になっているのだと思います。
実際、結果はともかく動いてみる、というのはとても重要なことだと思います。
それがわかりきっている⁉から、前向きな考えを持つことができるのでしょう。

でも、これを読んでいる多くの人は「動いてみる」という行為にすら臆病になっている、恐らくそうでしょう。
その気持ちは私も経験したことですから、よくわかっています。

じゃあ、どうすれば、「傷ついてもいいから、ともかく動いてみよう」そんな気になれるのか、これは永遠のテーマでもあるのかもしれません。

私の場合は、両親や先祖がしっかり守ってくれている、という有利な条件があるから、というのも否めないのですが、とりあえず、100% の自分を思い返すのはもっと時間が経ってからでいいのだと思います。

30% でいいから、ほんのちょっと勇気を持ってみましょう。
パソコンやスマホのモニターから離れて、一歩だけ外に出て新鮮な空気を吸ってみましょう。
そして、それができた自分をとても褒めてあげてください。

また、後ろ向きなことが頭をよぎることも多々あることでしょう。
もちろん、そんな時は思い切り吐き出して下さい。
でも気が済んだら忘れる癖も覚えてください。
後々いいことだけを思い出せるように、記録のつけ方に工夫をしてみてください。

私はこんなアドバイスしかできませんが、恐らくそれすらも苦しい、自分の褒め方がわからなくなった、そんな人も多いでしょう。

でも、そんなことで人一人救えるのなら、代わりに私があなたを褒めてあげますよ。

私はあなたを褒めてあげます。

「こんな長文をここまで読んでくれたこと」に。

これは私からの感謝でもあります。こんな私なのに、これだけ関心を持ってここまで読んでくれている、私はそれだけでも嬉しくて満足していますよ。
これは嘘を交えない、全くの私の本心です。

私は最初、こんなぶっ飛んだブログなんて、まともに読んでくれる人、いるかなぁ、なんて思って書き始めましたが、何らかの足跡を残してくれる人が意外と多く、とてもびっくりしたと同時に、とても喜ばしいことだと思っています。

「次はどんなことを書いてくれるんだろう？」モニターの向こうに、そう心待ちにしている人がいるのだ、と思うと筆を進めずにはいられません。

だから、私はこれからも、ポジティブなことだけを書き続けます。
そして、いい結果が出たら、必ず報告します。

そんな人がいてくれるんなら、そんな人の励みになってもらえているなら、この記述を書くのをやめる気にはならないと思います。

ちょっと今日は真面目でとても長い文章になってしまいまし

たね。

お疲れの方も多いと思いますので、この後は一息ついて、ゆっくり休んでくださいね。
そんな時間を持つのが、この病気と付き合う上での重要な要素だと思います。

では、また明日お会いしましょう。つらくなったら、私でよかったら、いつでも私に吐き出してください。

私だって同じ経験を経て今に至りますので、お気持ちはよくわかります。
皆さん同志です。
そんな関係がいつまでも、続きますように。

私の学生時代 1

こんにちは、謙児です。

ようやくここから、「回想編」です。もっと早くに書くつもりだったのですが、いろいろ出来事もあったもので、今頃になってしまいました。

では、まず私がどのような学生時代を送っていたのか、思い出していきましょうか。

私はもうウン十年前の夏の日差しがまぶしい頃に、まさにその表現がぴったりの地名の土地で生まれました。

両親から、愛情をたっぷり注がれて、いつも親になついていた、そんな「いい子」でした。

父親の転勤や転職のため、同一地域内ではありますが、数度引越しをして、今住んでいるこの町に落ち着き、母親の手に引かれながらも、のびのびと育てられていた、今思えばそんな恵まれた家庭環境でした。

ほどなく、近くの幼稚園に通いだし、友達もたくさんできました。

もちろん、仲の悪い子もいましたが、それでも、とても平和
で楽しい毎日でした。

そのまま、小学校に上がり、弟も生まれ、更に友達も増えて、
本当に「ごく普通の幸せな生活」でした。そして、父親も資
金的に余裕ができたようで、同じ自治体内ですが、新築の家
を買い、引っ越すことになりました。
ただ、同じ自治体内ではあったのですが、小学校の校区が違
うところになるため、転校をしなくてはなりませんでした。

クラスの皆からは、惜別の声も多く、幼いながら残念な思い
も持ちつつ、新天地での新しい生活をとても楽しみにもして
いました。

ところが……

私の学生時代 2

こんにちは、謙児です。

待っていた現実は過酷でした。
クラスメイト「やーい、転校生、転校生ー」
私「……」

もちろん、仲良くしてくれたクラスメイトもいたのですが、それ以上に転校生ということを、冷やかす連中が多かったのです。
「なんで、こんなに悔しい目に遭わねばならないのか、転校生とは、そんなに悪いことなのか」
まるで、違う人種の中に紛れ込まされた気分でした。

それまで、明るく活発だった私の性格は、みるみる暗転していきました。
やること為すこと、すべてけなされ、冷やかしのネタにされる……これまでにない屈辱でした。

「何かすれば、その度にけなされる」そう感じた私は、気がつけば何をするのにも億劫になっていました。

今考えれば、原因はわかるのですが、私は嫌な思いをしてい

る、ということが態度で周りに手に取るようにわかってしまう傾向があったため、からかう側から見たら、面白くてしょうがなかったのです。

残念ながら、小学校１年生の自分には、うまくそれを受け流す術が身についていませんでした。

そして、その波は他のクラスにも波及し、私は負の意味で有名人になっていました。

普通の人なら、間違いなく登校拒否を起こすところでしょう。
しかし、小学生の私には、そんな発想があることすら知りませんでした。
父が毎日会社に行くように、私も学校は毎日行くところと刷り込まれていたので、ただただ、じっと我慢して、でも先生の言うことだけはきちんと聞く、そんな妙な子供になっていたのです。

その時、私には既に誰かに助けを求める、という発想にすら至りませんでした。

そんなことをすれば、余計にけなされる、ということを悟っていたのかもしれません。

そうして、時間だけが過ぎていきました。

私の学生時代 3

こんにちは、謙児です。

そうして、私はいつのまにかまるでロボットのように能動的な行動ができない子供になっていました。

今考えると、その時から鬱の状態になっていたのかもしれません。

もちろん、そんな気味の悪い子供など、誰も相手にしてくれるはずもありません。

私は、完全に自分の殻に閉じこもっていました。殻を破れば、あの忌々しい冷やかしが待っている、それよりは殻に閉じこもっていたほうが、どれだけマシか、そう思い込んでいた私は、いつの間にか殻に閉じこもるのが、一番楽な生き方だと思っていたのでしょう。

そのため、小学校3〜4年生の時の記憶はまるでありません。ただ、先生から「もっと、しゃんとしなさい」と、言われ続けていたことだけが記憶に残っています。
でも、その時の私には、なぜそんなことを言われなければいけないのか、どうすればいいのかさえ、全く理解できません

でした。

そうして、私の幼少期の性格が暗いほうへと根付いていたのです。
人との付き合い方を覚える大事な時期に、私はずっと自分の殻に閉じこもっていたのです。
それが、その後の人生を大きく左右することになったと、今なら断言して言えます。

今の私が、当時の私を助けてやれるものなら、本当に助けてあげたかった、今でも強くそれは思っています。

私の学生時代 4

こんにちは、謙児です。

もっとも、暗いなりに楽しい思い出もあって、先生の言うことだけは、ちゃんと聞くように教育されていた私は、不思議と成績だけは上位をキープしていました。

暗いながら、与えられた課題はきちんとこなす、小学校高学年になると、成績の件も合わせて、大いに褒められ、周りからも認めてもらえていたのですが、ちっとも嬉しくはありませんでした。
嬉しく感じなければいけないところを、嬉しく感じられない……今思えば、大層不気味な子供でした。

そうして、のびのびすることを忘れた私が、その後どのように育っていくのか、書かずとも想像できるでしょう。

中学校に上がっても、一時は良かったのですが、やはり同じことの繰り返しでした。

高校は2流の進学校に進みましたが、根本的に他人との付き合い方を知らなかった私は、やはりずっと孤独でした。
環境が変われば、人間関係も変わるかも、と思っていた私は

大甘でした。

最初は、うまくいっていた仲も、どの言葉が言っていいことで、どの言葉が他人を傷つけるかも知らず、やっとそのことに気づいた私は、時既に遅しでした。

おまけに、高校受験であまり蓄えもないエネルギーを使い果たしてしまったのか、全く先生の話すら聞く気になれず、成績は最悪でした。

今まで、成績がマシなことだけが、取り得だと思っていた私が、いきなり進学校の世界では「バカ」に相等するのですから、そういう扱われ方は相当にショックでした。

ますます、自分に嫌気が差してくるのです。よく、欠席も留年もせずに卒業できたものだと、今でも思います。

そんな自分を見て、可哀想だと思ってくれて、勇気付けてくれていた人も大勢いたことも、今ならばわかります。

男友達だけでなく、会話すらしたことのない、女の子さえも皆、そう思っていてくれていたのに、私は全く気づいていませんでした。

いや、気づいていたのですが、何故声をかけてくれるのかさえ、わかりませんでした。

ですが、私を支えてくれていたのは校外のとある活動でした。

私の学生時代 5

こんにちは、謙児です。

その校外の活動とは、当時世間では「オタク」と呼ばれる、あまり評判のよろしくなかった、とある趣味のサークル活動です。
何の趣味か書いてしまうと、恐らく勘のいい人なら私を特定できてしまうので書きませんが、勉強よりも熱中していたことがありました。
その世界では、私はのけ者にされることが一切ありませんでした。
そりゃそうでしょう、自分の好きなことですから、かつて無いほどに生き生きしていましたことでしょう。のけ者どころか、一目置かれる存在にまでなれていたのです。

そんな活動を勉強そっちのけでやっていたおかげで、人間関係とはかくあるべきものだ、ということをやっと知ることができたのだと思います。

そういうことを続けていたら、いつのまにか、その世界では有名だった、ジャーナリストの方にも、目をかけてもらえるまでになっていました。

「東京の大学に進学する気はないのか？」

ある日、地元に来ていたそのジャーナリストの方から、そう声をかけられました。

それは、もちろん「弟子として雇いたい」という意味を指しています。

私は、やっと認めてもらえていたことに気付き、小躍りして喜んだものです。

ところが、志望校のランクを伝えたところ、目を丸くして驚かれました。

「君ほど能力のある者なら、大学なんてどこへだって行けるだろうに、何でそんなところを？」

事情を知らない師は、そう言って大層不思議がりました。

そうです、私が無駄な時間を過ごさなければ、実は軽々と東早慶くらい現役でも受かることを、師は見抜いていたのです。

しかし、進学校とは言え、所詮２流ですから、その学校から東京の御三家に進学するなど、逆立ちしたって無理です。

まして、成績ビリに近い私には一生かかっても無理な目標としか見えませんでした。

しかし、そのことをきっかけに、「何があっても東京の大学に行くんだ！」と、決意できたのも事実です。

その夜、私は両親に「東京の大学に行きたい」と信念を持ってはっきり伝えました。

両親は最初こそ渋っていたものの結果は寛大でした。しばらくして、あっさりＯＫが出ました。

後でわかったのですが、父も若い頃大都会に憧れて、大阪の大学に進学していたので、気持ちは十分に伝わっていた、とのことだったのです。

但し、後になってから、「頼むから２浪してくれ」という条件がつきました。

「？？？」な条件ですよね。その心は……

私の学生時代6

こんにちは、謙児です。

「頼むから2浪してくれ」
父が言ったその理由を知ったとき、私ははじめて「精神的不調」を感じました。それほど長い時間は続きませんでしたが……

それは、病気で入退院を繰り返していた弟の命のともし火が、まさに消えんとしていた、その事実をはっきりと教えてくれたからです。病名は脳腫瘍とのことでした。
小さな頃から、私を慕ってくれていた弟でした。
その最期を見届けるために、父は「東京に行くのは2年待ってくれ」、父の弟に対する、最後の愛情だったのです。
なんか、今思い出して書いていると、私も改めて涙が出てきました。

医者の告知通り、弟は高校に行くこともなく、わずか15歳で他界しました。不思議と私はそのときはあまり悲しさを感じませんでした。何故かはわかりません。
今ならば、いくらでも涙を流して悲しんであげられるのに、その時に本気で悲しんであげられなかった自分に、今でも後悔しています。

ただ、弟がいつも側で先祖と共に私を守ってくれているんだな、と時折感じることが今でもあります。
まあ、「そんな気がする」というレベルではありますが。

葬儀のとき、弟の中学でのクラスメイト全員が参列してくれました。
担任の先生が、立派な弔辞をあげてくれました。
いいお葬式でした。そして、よくできた弟でした。
今なら、それがはっきりとわかります。

弟を悲しませないためにも私は生きるんだ、今は強くそう思っています。
だから、私はこの悲しみを思い出すことができる限り、こんな体になっても本気で自殺することはないでしょう。
私は、亡き弟のために、懸命に生きねばならない、それは私の使命でもあるのです。

ごめんなさい、さっきから涙が止まりません。男のくせに惨めなものですが。

あれから15年以上経った当時でも、仲の良かった友達や担任の先生が命日には必ず来てくれます。
本当によくできた弟だったと今でも感じざるを得ません。
それなのに、自分は……とても情けないです。

ですが、せめてもの償いになれば、とその後私は必死で勉強
しました。
そして翌年、早慶は無理でしたが、東京6大学と呼ばれるひ
とつにやっと合格することができました。

そして、ようやく念願だった東京での生活がはじまりました。

私の学生時代 7

こんにちは、謙児です。

前回は、ちょっとみっともなかったですね。気を取り直して
いきましょう。

さて、やっと受かった大学ですが、これまで散々両親に私は
わがままを言ってきました。
ですので、絶対に4年で卒業せねば、という思いはありまし
た。

しかし、その時はもう何とか同世代に追いつけてはいたので
しょう。
仲間は簡単に見つかりました。変に思われることも多分な
かったのだと思います。
そして、なにぶん私の行った学部は俗に当時は「パラダイ
ス」とも呼ばれていて、回り道をして浪人してきた自分には、
あっけない感じでした。
まず、付属上がりが多いので、彼らがテストの平均点を下げ
てくれます。
一般入試で入ってきた者も、本当に点を取るためのテクニッ
クしか知らず、回り道して余計な知識を溜め込んでいた私に
は、講義は決して難しく感じませんでした。実際、順位こそ

わかりませんが、半分以上の単位で「優」を取れました。

２年浪人したおかげで、師の弟子の話は流れてしまいましたが、事務所へ遊びに行ったり、同世代の同好の士をたくさん見つけることもでき、まさに青春を謳歌した４年間でした。

親には無理を言いましたが、かけがえのないキャンパスライフだったと今でも思っています。

しかし、就職活動は大変でした。ちょうどその時はバブル景気がはじけた後の上、大学卒業見込み者も一番多い時で、ともかく内定が取れないのです。
志願者が多いところばかり受けていたせいもあるのでしょうが、まず面接までなかなか進めない、やっと進めても面接慣れしていないので、失敗するという具合で散々でした。
しかし、就職浪人をするつもりまではさらさらなかったので、粘り強く頑張り、やっと４年の秋にそこそこ従業員数だけは多い、歴史ある会社の内定が取れました。

正直、本意ではありませんでしたが、実家からそんなに遠くない、ということもあり、わけわかんない会社に行くよりはマシかとそこへ入社することに決めました。

東京とお別れするのは辛かったですが、何とかなるさ、と大船に乗ったつもりでいました。

ですが、幸せを感じるひと時はそれが20代では最後となりました。

やはり社会というところは、弱肉強食の厳しい世界だったと噛み締めることとなります。

それはまた、今度の機会に書くことにしましょう。

名医の治療パート2

こんにちは、謙児です。

今日は、以前お話した「名医」の方とお会いしてきました。
今日してもらったことは、「ロールシャッハテスト」

名前だけはいつも聞いていましたが、実際に受けるのは初め
ての経験です。

でも、これが受けてみたら結構面白いのです。

黒い墨で書いたような、何だか意味ありげな絵を見せられて、
「これを見て、何を思い、何を感じたか」ということを説明
する、といったものです。
計10枚の絵を見せられて、私はありのまま正直に答えまし
た。

結果が出るのには、時間がかかるそうなので、どんな結果が
出るのかは、だいぶ時間が経った後のお楽しみですが、どん
なことを言われるのか、とても楽しみです。

なんだか、自分の奥深くの心理を知ることができるような、
気がしてならないです。

そして、それが私の今後の生き方に大きく左右するような気がしてならない予感がします。

なかなか、こんなテストまでしてくれるようなドクターと巡り合えるのは困難ですが、私もここまでしてもらえるようになるまで、今まで長い道のりでした。

それだけでも、私は感慨深いものがあります。

私は、この病気とも真正面から向き合い、必ず完治させる、という意欲に燃えています。

そのためなら、どんな手だって使います。
もちろん、非合法というか怪しげなものには手を出しませんが。

どんなことでもそうですが、信念を持って、困難と対峙すれば、何かしら道は開けるものです。

私も、こう言えるようになるまで、いっぱい、いっぱい回り道しました。

でも何か、自分から行動を起こさないと、何も始まらないのです。

私の考え方、これで少しはわかっていただけてきたでしょうか。

これは、誰にだって言えることです。だから、私はネガティブなことを考える時間すらないのです。

ポジティブなことを考え、実践するだけで、いっぱいいっぱいです。

でも、だからいいんです。
だから、今こんな文章もスラスラ書けているのです。
もちろん、急には自分を変えられるものでは決してありませんが、考え方を見つめ直す努力、そこから何かがはじまると、私は信じています。

そして、それはあなたにもできることなんですよ。

私が言いたいこと、きちんとわかってくれていますか？

皆さんの生き方にも参考になってもらえるように、私は祈っています。

お休みの日、みんなは何してますか？

こんにちは、謙児です。

今日は平日なのですが、仕事の疲れが溜まってきたので、思いきって、お休みの日にしてしまいました。
もちろん、モチベーションだけは落とさないようにしないと、ズルズル怠けて名ばかり経営者になってしまうので、緩急のつけかた、非常に大事です。

でも、これは病気を抱えつつお仕事をしている人には、みんな当てはまることだとも、思います。

「思いきって休む」

結構勇気がいることですが、病気と付き合っていく上で、大切なことなんだと思います。

その昔「24時間働けますか〜♪」なんて言う、栄養ドリンクのCMがありましたけど、こういう時代だからこそ、逆に休憩を取ったり、お休みを取ることのほうが、生き抜く上の大事な要素だとも思ったりしています。

ということで、今日はお休みを取ることの大切さ、をお話し

ていきたいと思います。

実は私、仕事に熱中しだすと、寝食を忘れて、本当にぶっ倒れるまで仕事をしていた、そんなサラリーマン時代を過ごしました。

一番記録的なのは、２徹して、３時間寝て、また１徹という、「お前はアホか？」というほど仕事したことですが、やっぱりどこかで自分が「ストップ」をかけて、休まなきゃいけなかったのだと思います。

という生活を送っていたので、私がこの病気になった原因があるのだとすれば、間違いなく「過労」にあります。

それだけは繰り返してはならないので、今はあえて休みを入れることにも重点を置いています。

それが自分でコントロールできるようになってこそ、一人前とも言えるかも知れません。

今の世の中は、何か歯車が狂ってきています。
狂っている私が「狂ってる」なんて言うのもおかしな話ですが、たぶん、そことの付き合い方を覚えないと、病気が再発しかねないかも……という懸念は大いにあります。

それで、今日私は、何をしたのかと言うと「ひたすら寝ました」。

本当は、外に出て散歩などもしなきゃいけないのですが、まだまだ私も修行不足です。

じきに、心に余裕ができて、「そういうこともやってみるか」という気になることを願っていますが、とりあえず、自分の疲れを自覚して、休む気になったことを、自分で褒めてあげたいと思っています。

決して、私だって、焦って無理してる訳じゃありません。

一生懸命、仕事と病気の両立？を必死になって考えているんですよ。

一番大事なのは、「頑張らないこと」

これはみんな一緒のことです。

でも、それでいいんです。頑張ったら、病気が再発しますから、私は「頑張らない」んです。

そして、「ガンバレ！」という言葉、この病気を持っている人には禁句です。

だから私も皆さんに、「頑張らないでね～」とエールを送ります。

と、言っても「サボる」こととも違います。正確な表現は、

「自分の限界の範囲で最善を尽くす」と言ったほうがわかり
やすいでしょうか。

自分の限界というものを把握することは、とっても大事なこ
とです。
限界以上のことをしようとすると、必ず失敗します。

だから、私はそれでいいんだと思います。
こんな混沌とした時代、それがわかってなくて、こんな病気
になる人が多いんじゃないか、私はそう分析しています。

なかなか自分の限界を知る、ということは難しいですが、
知ってしまえば、うまい世渡りの仕方、というのも自然とつ
いてきます。

なんで、お休みの日はとても大事にしましょう。しっかりと
自分を癒してあげてください。

「君はよく休むなぁ」そう上司から嫌味を言われることもあ
るでしょう。
でも、そう言われることと、病気が再発したり、ひどくなっ
たりするのと、どっちがいいですか?

今の時代は「休むが勝ち」なんです。こんなこと言うと、日
本の役付きの方々から怒られそうですが、そうすることで、

あなたの一生を左右する、なんてことにはなりませんよ。悪くなることはあっても、そう極端には変わりません。
むしろ、仕事が続けられなくなって、次の仕事もない、なんて悪循環に陥ります。

だから、程々でいいんです。だから、もう一度言います。

「頑張らないでね〜!」

趣味を持つことの大事さ

こんにちは、謙児です。

今日、これを書いている日はおひな祭りの日です。
私には縁のない日ですが、今、祝ってもらっている人もいれ
ば、以前祝ってもらって嬉しかったことなどを思い返してい
る人も多いかと思います。

何度も言っていますが、嬉しかったことはいつも思い出して
みましょう。
嬉しかったことこそ、いつまでも思い出せるようにしなきゃ
いけないんです。
そして、それができるようになった時、幸せの足音が聞こえ
てくるものです。

さて、今日は「趣味を持つことの大事さ」なんですが、実を
言うと私も趣味を仕事にしてしまったような人なので、どこ
までが趣味で、どこからが仕事なのか、今や区別がつきませ
ん（笑）。

私は、趣味でも真面目に全力を注いでしまうような人なので、
趣味でやっていたつもりが、いつの間にかプロの人に目をか
けてもらっていた、という経験が何度かあったりします。

ですが、本来趣味とはもっと気楽に構えていてもいいものです。

本来の自分を一番多く見出せるのは、趣味に使う時間なのだと思います。

例えば、今書いているこの、著述だってそうです。

実はこれも、本当に「素で楽しく」やっただけなんですよ。
そういう時間を持てるのは、自分が好きなことをやっているとき、往々にして趣味に没頭している時間なのではなかろうか、と思ったりもしています。

中には、趣味なんて何にも持つ気も起きないなんて人も多いかと思いますが、それは人生において、とてももったいないことだと思います。
もちろん、無趣味の人があえて趣味を持とうとするのは、パワーのいることですし、最初は無理をしてしまうことなのかもしれません。

でも、やっぱり人間である以上、心の支えってものは必要なんじゃないかと思います。
没頭できるほどの、趣味を見つけたとき、それこそ「あなたらしく」なれるんです。

そんな支えがないと、「悪いことを考えるのが趣味」なんていう、洒落になってない事態に陥ってしまいます。それは絶対にいけません。
それは、忘れなきゃいけないことなんです。

じゃあ、どうやって趣味を見つければいいの？と逆に詰問されそうですが、実は誰にでも、深層に眠っている、気づかない自分の素顔があるんじゃないかと思います。そこにヒントは隠されています。

本来、趣味というものは人から押し付けられるものじゃないんです。自分で発見するものなんです。

そりゃそうでしょう、考え方なんて人の数だけ存在します。ですけど、趣味というものもまた然りと思うのですが、いかがでしょうか。

では、もう少しヒントを与えると、あなたが一番今、信頼している、心のおける人は誰ですか？

恐らくその人がズバリ言い当ててくれるハズです。
それは、家族だったり、友達だったり、あるいは、かかりつけのドクターだったり、人それぞれと思いますが、一番あなたを客観的に見てくれている人が、実は「あなたらしく」過ごせる時間を知っているのだと私は思うんですが、どうで

しょう？

ただ、恐らくズバリ答えてくれたはいいものの、それに抵抗感を覚える人もまた多いかと思います。
それは、自分が自分のことをよく知らないからです。

ですので、そういう人には宿題を命じます。偉そうですみませんが。
まず、自分って何者？ということから考えるといいのだと思います。
難しいことではないです。今まで嬉しかったことを、今まで思い出そうともしなかったことを、あえて思い出してみて、紙にでも書き出せばいいだけの話です。

それを辿ると、言ってくれた人の意味がわかると思います。
もちろん、それが本当の自分と必ずしも合致しているとまでは言えなくてすみませんが、少なくとも照らし合わせることで、自分の心をくすぐるものとは何かを知ることができるはずです。

それができれば、答えはもうすぐそこにあります。

決して多くの人には難しいことじゃないです。ですが、今の時点でそれすらも考えつかなくったって、いいんです。
でも、そう考えてみた自分って何だか、楽しく思えてきませ

んか？

そこですよ、私が言いたかったのは。自分のことを見つめなおしてみるって、自分でも楽しい、まずはそこからでいいんです。

自分ひとりで考えるんじゃなくて、人からヒントをもらって、「それは違う」と思えた自分、それはちゃんと自我があるという証拠です。自信を持ってください。

じゃあ、それが違うんであれば、何ならいいんでしょうか。

何にも無い、悪いことしか思いつかない、であっても、少なくともここまで読んでるってことは、私の話には耳を傾けてるってことですよね。

あと少しですよ。よく頑張りました。じゃあ、もう一度問います。

「今までの人生で一番嬉しかったことは何ですか？」

あと少しです。あと少しで、あなたの何かが変わります。自信を持ってください。
道はすぐそこに、待っていますよ。

許諾の功績

こんにちは、謙児です。

最近、いろんな人が反響を寄せてくれるようになって、いろんな人の考えをうかがう機会が増えてきました。
本当にありがたいことです。感謝しています。

さて、今回は「許諾の功績」という、意味ありげだけど、意味がよくわからないタイトルを付けてみましたけど、実は私、こういう遠まわしな言い方をするのが大好きです。

ですが、これでは何のことだか、わからないので、ちゃんと説明しますね。

実は、私も学生の時から、ずっと悩んでいました。

「自分だけが悪い」
「自分は非力な人間だ」
「自分には、取り得が何もない」
「自分は、本来生まれてくるべきじゃなかった」
「悪いことをしたのに、償えていない」

……

どうですか？
皆さんにも、思い当たる節があると思います。
と、いうか、全く一緒でしょ？
人間、思い詰めたときに考えることって大体同じようなものです。

私だって、そうだったんですよ。でも、私はそんな過去の自分を全て許してあげることにしました。

そうしたら、ふっと心が軽くなりました。これ、本当なんです。

またまた変な例えになりますが、例えば、インフルエンザにかかったとき、いつまでも「全部自分が悪かった」なんて、くよくよする人がいますか？
そりゃ、「マスクをしておきゃよかった」くらいは考えるでしょうけど、それでも、かかる時はかかりますよね。
大抵の人が「運が悪かった」と思って治療に専念すると思います。
これは、同意してくれますよね。

実は、メンタルな病気だって、同じことなんです。
今や、誰がいつかかってもおかしくない病気だと医学界では言われています。

ウソだと思うなら、あなたの主治医にでも訊いてみてください。

十中八九、その通りだ、と言われるハズです。

ですから、これもまた「運が悪かった」と、本来思わなきゃいけないとこなんです。

あなたは、何も悪くはないのです。

運悪く、そういう環境下に晒されただけなんです。

そう、思えれば、過去の自分だっていくらでも許してあげることができます。

その時、人は天使にやっとなれるのです。

でも、過去の自分を許してあげる、なんてそうそう簡単にはできることではないと思います。私も、そうでしたから、それはよくわかっています。

じゃあ、どうすれば、いいのか。

お得意の!? 謙児節を出すしかなさそうです。

そんなことで、人一人救えるのなら、私があなたの全てを許してあげますよ。

私は、あなたの全てを許してあげます。

「こんな、すっとぼけた、私の話を信用してくれたから」

人の話を信用して聞くってそうそうできることじゃありません。

でも、多くの方が毎日のように私の著述を見てくれています。

私は嬉しいのです。
だから私は、「あなたの全てを許してあげる」のです。

どうですか？　気持ちが軽くなってきませんか？

誰もあなたのことを許してくれなくても、少なくとも私だけは、私はあなたのことを寛容に許してあげます。

だって、大切な読者様ですから、許してあげない訳にはいきません。

だから、あなたは「何も悪くない」のです。これも、信用して聞いてください。

あなたのドクターが、いつあなたが悪いなんて、言いましたか？
誰もそんなこと、本当は思っていないのです。

確かに、過去怒られた経験を思い出す人もいるでしょう。
でも、それは誰にでもある、自分の至らなかった一面だけを

咎めているのみです。
誰が、「全人格を否定する」なんて、言いましたか？
もしかしたら、そう言われたこともある人もいるかもしれません。

でも、そんなことで人一人救ってあげられるのなら、代わりに私があなたに代わって怒ってあげますよ。

私は、あなたの代わりに、咎めた人を怒ってあげます。
「自分のこと、何がわかってて、そんな、偉そうなクチがきけるのか！」ってね。

当たり前でしょうが。悪気がなくてやったこと、怒ったら人は傷つきます。

そこは、優しく諭してあげねば、いけないとこです。

こんな世知辛い世の中になって、人々はそんな当たり前のことすら忘れてしまいました。

だから、あなたは何も悪くはないのです。自信を持ってください。
だれも認めてくれなくても、私だけはあなたを認めてあげます。

だって、懸命に今、生きているじゃないですか。
生きていれば、いつか必ず長いトンネルから抜け出せます。

あなたは、今ただ、ちょっとだけ長いトンネルの中にいるだけだ、ということに、どうか気付いてください。

それがわかれば、人はいつか光ある出口を見つけ、自分という存在を思い出すのです。

心理検査結果報告書

こんにちは、謙児です。

早速ですが、以前から予告していたように、私の心理テストの結果が出ました。

診断する時点によって、大きく結果も変わるそうなので、あまり鵜呑みにはしないように、とは言われましたけど、結構ツボを突いている診断結果だったので、皆さんにもお知らせしたいと思います。

分析結果

1. 何か問題が発生すると、不平を率直に伝えたり、自己弁護や他者弁護といったものを純粋に表現することにはなりにくく、どちらかというと問題を解決することに集中していく傾向がある。
   能力は高いため、初めは自分で何とかしようとするのだが、次第に疲弊し始め、時間の経過や成り行きにまかせていこうとすることが多くなってくるものと思われる。

2. 外界からの刺激に関しては、知性化や合理化という形で防衛することができている。よって、対人関係では、常に整

合性を考えたり自分の論理展開を眠らせたりしながら関わる為、人間関係に疲れを感じたりすることがある。
また、そのことが自分の能力を十分に発揮できない原因であるという思いが、無意識の上でも働いてしまう。

3. 世界を広げ、対人関係が複雑な場面を増やすよりも、変化の少ない環境の方が自由に過ごすことができる。
また、新しいことへの変化に対する不安感も大きく、即座に受け入れることは難しい。比較的まとまりがあり、自分の論理展開で活躍できる環境で仕事をすることが、安定につながることが示された。

……だそうです。

なんだか、遠まわしに「オマエは本当は頭いいんだから、もっと自信を持て」
と、言われているような、診断結果が出てしまいました。

しかも、一般の作家のような、完全なひとりの世界よりも、反応を見ながら、表現に柔軟性を持たせられる、今のブロガーという立場が自分には合っている、らしいです。

へぇぇぇぇ、という
感じです。

でも、人付き合いは、単純なものの方が、居心地がいいそうな。

言われてみれば、確かにそうです。

「新しいことへの変化に対する不安感も大きく」

これは、実はそうだったのか！と思わせる一文です。

どおりで、IT から離れることができないハズです。

そして、昔から嗜んでいた、「著述」という作業に没頭できる理由でもあるようです。

どうですかね？

今まで私のことは、散々話してきましたが、どのように思われますか？

ちょっと、難しい言い回しを含んでいる部分も大きいので、

「どういうこと？ どういうこと？」と思われる人も多いでしょうが、ともかく、私はこんな人、ということが明らかになりました。

普通こんなこと、他人に言ったりすべきじゃないんですが、
まあ、本名出してないし、いいでしょう。

事は慎重に、運ばなくてはなりませんが、私はともかく、
「書く」ことで、飯を食っていくのがよさそうです。

春眠暁を覚えず

こんにちは、謙児です。

実はここ２〜３日、私はひたすら寝ていました。

風邪を引いていた、というのも一因なのでしょうが、ようやく暖かくなってきた、この気候のせいでもあるようです。

また、何だかんだ言って、疲れも残っていたのかもしれません。

私は、珍しい部類に入るのかもしれませんが、どんなにストレスが溜まっていても、きっちり寝ることだけはできるという、妙な習性があります。

なので、昼間もご飯を食べる時だけ起きて、その後の時間はずーと寝ていたりしました。

それだけ寝ても、ちゃんと夜も寝ていられたのですから、どれだけ私の睡眠欲が高いかを示唆することができるかと思います。

こういった病気を患っている人の多くが睡眠が取れないこと

に悩みを抱えている人がとても多いと思いますが、私の場合は、逆なんです。

「寝ても寝ても寝足りない」

結構、そういう状況に陥ることが多いです。

でも、裏を返せば、疲れたときにそれだけ寝られるという癖のようなものがあることが、現在ここまでに回復できたことの一因なのかもしれません。

ですから、私は勝手に言葉を作っちゃいます。

「睡眠は万病の薬」

これまた私の仮説ですが、睡眠を毎日8時間、きっちり取ることができるようになれば、回復へ近づける人も多いのでは？と勝手に推測しています。

と言っても、特に睡眠障害を患っている人は、それは急には無理な相談でもありましょう。

では、どうすればいいのか？

父から聞いた話ですが、本来は緊張して眠れない時の対処法

なのですが、ともかく、眠れなくてもいいから、布団に入って目を瞑っていればいいのだそうです。
そうすれば、結構睡眠を取ったことと同じ効果があるそうです。

ただ、そうすることで、一番の問題なのは、

「目を瞑ったら悪いことを考えてしまう」

ここなんですが、そうならないように、どうすればいいのか、というと私はヒーリング効果のある、音楽を流すことをお勧めしたいと思います。

雑貨屋などで、これは比較的安く売っていて、私もジブリの曲のオルゴールCDなどを持っています。
また昨今では、YouTubeでも睡眠用動画がたくさん落ちていますね。
こちらですと、よりコストがかかりません。

この手の音楽を聴くと、癒されて、いつの間にか、眠くなれますよ。

よかったら、試してみてくださいね。

皆さんの、生き方の参考になれば。

落ち込んだときには……

こんにちは、謙児です。

昨日までは、ちょっと疲れが溜まっていたので、休憩の時間を多く取り入れながら、何とかやってきました。

で、疲れが取れてくると、今度は不安感が襲ってくるようになりました。

やはり大きな悩みは、本業である事業をいかにうまく進めていくか、ということと、資金繰りの2点が占める割合に大きいような、気がしています。

こういう場合、私の場合はどうするか、というと、理解ある友人・知人に電話したり、会ったりして、気を紛らわすことにしています。

幸いなことに、事業に関して言えば、元・強力な営業マンである、助っ人がいるもので、その人に相談してちょっとした経営相談に乗ってもらったりしています。

その人も私の病気については、理解があり、無理しない範囲で進めていけるよう、配慮して下さるので、大変助かってい

ます。

そして、経営者って結構すがるものがないので、易者さんなどにアドバイスを乞う方も多いのですが、ご多分に漏れず、私も時々お世話になったりもしていたりします。

幸い、地元に親身にして下さる、実は有名な方にひっそりとお安く鑑定してもらえる場所があって、相談に乗ってもらったり、しています。

このように、日頃から相談に乗ってもらえる人がいると、何かあった時に、心強いです。

この病気とうまく付き合う方法は、こういう相談できる人をいろいろと見つけておくこと、というのも、私は重要な要素かと思います。

やはり、ひとり悶々と考えると、どうしても暗くなってしまいますし、なかなか前へ進むことができません。

なので、親族以外にもこういう相談の場を持っておくことを、私はお勧めしたいと思います。

これもドクターと同じで、巡り合わせなので、なかなか良い人と出会うことは難しいんですけども、頼れる人が見つかれ

ば、かなり日々が楽になります。

もちろん、この病気について、よく理解している人、が前提
条件にはなりますが、探してみれば、結構いたりするもので
す。

この辺りの見分け方は少々難しいですが、ここを間違うと辛
い目に逆に合うこともありますので、慎重に探してみてくだ
さい。

女性の方ならば、まずは同性の仲間を探したほうがいいで
しょうね。

但し、ネットのみでは、いろんな良からぬ輩がいますので、
できればリアルの世界で探したほうがいいです。

この病気も、今や現代病と言っても過言でないほどに、理解
してもらえる人には、理解してもらえてきています。

ですので、誰にでも病気のことを話すべきではありませんが、
打ち明けられる人の存在、とても大きいと思います。

私も最初この文章を書いていた時は、暗かったんですけども、
何だか今では少し晴れました。

実は、これを書いている途中に、その易者さんから電話があ
りまして、まあ、営業半分でしょうけども、何だか不思議な
気分になれました。

そして、そのお返しに、誰も応援してくれなくても、私はあ
なたを応援してあげますよ。

だから、ゆっくりでいいんで、辛いことがあった時、私の言
葉も、思い出してもらえるといいな、そんな気がしています。

苦しくてたまらないとき、皆さんはどうしてますか？

こんにちは、謙児です。

今日は、ちょっと病気と向き合った話をしましょう。

今でこそ、私は毎日、こんな長文を書けるまでに回復している次第なのですが、2〜3年前は、症状が出て苦しくてたまらない毎日を送っていました。今でも、稀にもないと言えばウソになりますけど、本当に苦しかったあの日、昨日のことのように思い出されます。
※後でわかったことですが、あれは薬の過剰投与が発端の、セロトニン症候群、特にアカシジアの症状が現れていたと知りますが、当時はそう判断するドクターも私の周りにはいませんでした。

そういう時、私はどうするか、というとそこまで苦しかったら、処方されている、頓服薬を飲んだくらいじゃ、おさまらないのはわかりきっていますので、まずは理解ある両親に訴えることにしています。

その頃は、クリニック系の病院にかかっていたので、時間外だと、ともかく我慢して、翌営業日の朝一番に病院に駆け込んで、筋肉注射などをしてもらう、などの対処をしてもらっ

ていました。

今は、大学病院にかかりつけを移したので、24時間いつでも駆け込めるような状況にしていることから、それだけでも安心感はありますが、実際時間外に診察してもらったこともあり、それはそれは助かったことが、思い出されます。

実を言うと、私はどうやら我慢強いほうらしく、また、どんなに苦しくても我慢できるほうでもあるらしく、騙し騙し何とかやっていけている、要因のひとつでもあるのかも、と思っているのですが、多くの場合、堪えられずに良からぬことをしてしまう人がいるのも、確かに事実でしょう。

ただ、苦しくてたまらない、とは言っても、いろいろと状況はありまして、誰かに聞いてもらえれば解決するような事柄の場合もありますし、私のように、最後の非常手段である「注射」をせねばいけない状況に至るまで、千差万別かとは思います。

残念ながら、精神科の場合、日々の状況をよく把握しているかかりつけのドクターでないと、適切な処置法がわからない側面もあり、「救急外来」を受け付けている病院に診てもらうというのも、結構骨もいり、時間もかかる事柄ではあります。

私も、現在の大学病院に辿り着くまで、随分といろんな病院を転々とし、時間もかかりました。

ですので、そこまではすぐに難しいとしても、もしもの時に、何か備えておく支えがあれば、毎日の不安も和らげることも、できるのかもしれません。

ちょっと、調べてみた限りでも、24 時間、電話診察を受け付けている機関もあるようで、余力のあるうちに、このようなところにコネクションを作っておくのも一案なのかもしれません。

ちょっと、こればかりは、人によって対処方法も大きく異なるところもありますので、一概にこれ、という具体案までは出せなくて申し訳ないのですが、そういうところを探してみる努力も日頃からしておくと、万一のときにとても役立ちます。

もちろん、あれこれつまみ食いするのは良くないですが、いわゆる「セカンドオピニオン」を持つということ、お金はかかりますが、それと引き換えに大きな安心感も得られるものです。

と、言っても、強制するつもりまではないのですが、この病気とうまく付き合っていくヒントとして、今日は書いてみま

した。

まだ解明されていない点も数多い病気です。いろんな視点から、いろんな意見や対処法を聞けるように、あらかじめ考えておくような、能動性、私はとても重要なことと思います。

しかし、神はなんでこんな病気を創り出し、私たちに試練のように与えたのでしょうね？？？

これを考え出すと、キリがないのですが、やっぱり私は「運が悪かった」と捕らえるべきなのだと、思います。

もっとも、私がこういう風に考えられるようになったのは、つい最近です。

考え方を変えることはとても難しいことでもありますが、そうしないと、前へ進めないことも、またあるのかもしれません。

深刻に考えすぎる必要はありませんが、自分から動いてみようという、意欲、案外、大切なのかもしれませんよ。

たぶん、無理して明るくしないほうがいいんでしょう

こんにちは、謙児です。

今回も妙なタイトルをつけてしまいましたが、私の本心が沈んでいるのに、無理して明るいことを書いても、どうやら読者様はちゃんと見抜くらしいので、あくまで素を通すことにします。

と言っても、読んでくれている人も沈んだ気持ちにさせては本末転倒なので、何を書くべきなのか。

ごめんなさい、結局何を最後に言いたいのか決めてないまま、今、筆を進めています。

で、何が言いたいのかと言うと、私は沈んでしまうと、実は立ち上がるのに、とても時間がかかる人です。

ですんで、お休みにしてブログ記事に音楽を流してもよかったのですが、でも何かは書きたい気分だったので、今、書いていたりします。

そのほうが、今は何だか落ち着いていられます。

と、ここまで書いてはたと思ったのですが、

「嫌な気分のとき、気を紛らわす方法」

これを考察してみましょうか。

もちろん、これも人により、状況により、大いに違うんでしょうけど、私は、いかにして暗い気分でも書くことで、読んでくれている人のためになる著述法はないか、それを探ってみることが楽しく思えてきました。

いいですね、ノってきましたよ。ここまで書いちゃうと、何だか楽しいです。
いや、ホントに。

で、やっぱり私はライティングする作業が好きなんですね。

前にも書きましたが、実は学生のときから文章はよく書いてました。

ただ、長いだけでつまらないと、いつも言われてました（笑）

でも、今書いているこの文章、皆さんは面白いですか？

と言っても、私は褒められると図に乗る人なので、別に無理

してお褒めの言葉をいただこうとまでは、思ってないんですけどね。

所詮、といっては怒る人もいるかもですが、ブログとは言わば仮想の世界です。

どんなにぶっ飛んだ内容でも、読み手が面白がってくれれば、いいように、今は思っています。

まあ、それで引かれて去っていかれたら悲しいですが、ブログは水物なので、努力したから報われる、ってほどのものでもないかもです。

ここでも、自分が意図していなかった部分がウケたりして、自分が驚いたことも、今まで、多々あります。

なので、リスクはありますけど、いろんな話題を振ってみるのも、自分と言う存在を再確認する意味でも結構いいことのような気がしています。

どうですかね？　まだ心はすっきりしてないんですが、そういう雰囲気でないように書いたつもりですが、やっぱり、言葉の節々からわかっちゃいますか？

逆に私はこういう気分ですら、ネタにしてますね（笑）。

めったにこういう気分になることは、今の私にはないので、チャンスかも、と逆に反応が楽しみで仕方のない自分がここにいたりもします。

大丈夫ですよ。少しずつ明るくなってきています。それどころか、今ニヤニヤしながらこれ、書いてますよ。

そうなんです。人のために何かしてあげたいっ、て思うと、私は笑みが出てくるみたいです。

そう言えば、施設の人に「ボランティア向きですね」って言われたことがあるのを、思い出しました。

私はそんな人だったのですね。

今日はひどい妄想に悩まされました

こんにちは、謙児です。

なんだか、今日は、どういう訳か、ひどく神経が高ぶって、変な妄想してました。

理由もなく、こんな状態に陥ること、今までなかったんですけどねぇ。

頓服も飲んだんですが、あんまり効果もなかったようで……

どんな妄想かというと、具体的に書くと、恐らく「この人、マジでヤバい」と思われるような内容なので、書かないんですけど、歴史とか、政治経済とか、果てはSFチックな妄想とか、そんな感じです。

今は、割と冷静にこれを書けているので、落ち着いてきたかと思うんですが、一時は、どうなるかと思いました。

自分でも、妄想だとわかっているのに、止まらない。そんな感じです。

これが、自分で妄想だと自覚できていなければ、間違いなく

病院送りです。

そのくらい、激しかったです。

で、どうしようかと思ったのですが、ちょうど仕事が休み
だった父と、妄想とかぶる、近代史の話をしてみたら、落ち
着いたようです。

恐らく、私と似たような状況に陥る人もいるんじゃないかと
思いますけど、こういう時は、生身の人と話をしてみるのが
いいみたいですね。

できれば、いつも周囲にいる理解ある人と話すのが、一番い
いんでしょう。

まあ、でもこんな感覚、特に年中パソコンと向かっていると、
起こりやすい現象のような気もしています。

であっても、やっぱり今日は原因がはっきりしないので、ど
うも腑に落ちないです。

続くようなら、ドクターと相談しなきゃですが、とりあえず
今日は自覚できて、抑える適切な方法を取れたので、良しと
しましょう。

何だか、不思議な日です。

でも、今日はよく寝られそうなので、明日には、すっきりするでしょう。

何だか、妙な日でした。

自覚ないけど、本当は疲れてる⁉

だったら、ヤバいので、今日は早めに寝ることにします。

こういう時、きちんと睡眠が取れる私は、まだ恵まれているほうなんでしょう。

いつも言っていますけど、本当に睡眠は大事です。眠ることまではできなくても、脳を休める自分なりの方法を、見つけていくことも、また回復の近道なのかもしれないですね。

福岡の友人

こんにちは、謙児です。

今日は地元のリア友と、のんびり釣りにでも出掛ける予定です。

と、言っても、私は釣りは得意ではないので、横で見てるだけですが、たまには海辺でのんびりするのもいいものです。

それで、福岡のいつも接するリア友、このブログのこともみんな知っているのですが、いつも「自分らも登場させろ」と言って、うるさいのもいるんで、私の友人のことを話そうと思います。
こういう書き方をすると、もっと怒られそうだけど。

それで、元々どういう関係だったのか、というと、全員同じ高校だった、同級生です。

この面子で遊ぶようになったのは、大学に入ってからですが、実に30年近い付き合いになります。

これって何気にスゴいことです。
何だかんだで、2、3ヶ月に1回は一緒に遊んでいます。

当然全部男ですけど、この歳になると、さすがに全員既婚者か婚約者がいます。

アテがさっぱりないのは私だけなので、いつも「何だかなぁ」とも思っていたりします。

でも、全員私が障害持ちであることは知っているんですが、別に偏見を持つような態度を取るようなのはひとりもいないです。

それどころか、いつも私の体を気遣ってくれています。

これも、私が恵まれている点でもありますね。

そういうこともあって、私が鈍感なだけかもしれないですが、「偏見」で辛い思いをしたことは、実は私はそれほどありません。全く無いわけではないですが、その度に吐き出せるところに相談しているので、根に持つことから避ける習慣はついてしまったようです。

なので、自分でも自分が障害者だったんだ、ということを忘れてしまうことすらあります。

それだけ、回復もしている、といったところなのでしょう。

今後も、こういった関係を続けていければ、と思っていたり
もしているところです。

いいドクターとの巡り合わせ

こんにちは、謙児です。

解明されていない部分が大きいとは言え、やはり頼りにせねば、信頼を置かねばならないのは、ドクターの存在です。

ドクターとの信頼関係が成立して、はじめて今後の対策が見えてくることも、また多くあります。

実際のところ、ドクターも見聞き、観察した範囲で診断を下すので、必ずしも自分の正確な症状を察知できているわけではない、という側面もありますが、少しでも、わかってもらうためには、どんな些細なことでも、ドクターに伝えたほうが本当は私はいいのだと思います。

ただ、ここで履き違えて欲しくないのは、ドクターは「グチを何でも聞いてくれる人」ではないということ。ドクターのホンネは、「簡潔に言うと、何が原因でどんな症状が出たか」それが知りたいというのが第一義です。

それに尾ひれがついて、世間話みたいになってしまう人も多いのですが、本来ドクターには余計な話をして診察時間を長くさせる必然性は本当はありません。

もちろん、正確に伝えようとして、いい言葉が浮かばずに長くなってしまう分は仕方がないのですが、尾ひれがついた話をドクターにしても、自分はすっきりするでしょうが、診断に大きく左右することはありません。

ですから、本当はそういうことはカウンセラーに言うべきなのですが、現状、カウンセリング療法は保険の対象として、厚生労働省が認めていないので、ドクターの好意で、カウンセリング的なこともしてくれている、と本来は考えたほうがいいのかもしれません。

とは言え、これはあくまで私が感じた、勝手な私の判断です。

あなたに思い当たることがあったとしても、私も改めろと、言うつもりはありません。

他に話すところがないので、やっぱりドクターに……そう思ってしまうのは、現況から言えば、致し方のないことだとも思います。

ですが、そこで重要になってくるのは、ドクターとの相性。ある意味、恋人を探すより難しいことと言えるかもしれません。

なので、あんまり頻繁にはまずいですが、自分なりにリサーチして、自分に合ったドクターを見つけていくことも、この病気と付き合っていく上で、大切な要素だと思うのです。

実際、ドクターによっては、症状がそれほどでもない場合、冷たく突き放すような言い方をする場合もあると聞きます。

かと言って、患者の望むままにいくらでも投薬してくれるドクターも、考えさせられるものもあります。
実際、テレビでも話題になったことがありますね。

病院経営の観点から言えば、精神科は投薬でしか稼ぐ手段がないので、残念ながらそういう方針の医師や病院もあるのも事実です。

ですから、「適度に話を聞いてくれて、投薬も適量を」という方針のドクターを探すのが、私はベターだと考えています。

金銭的余裕があるのなら、保険適用外ですが、カウンセラーを頼ったり、セカンドオピニオンをつけるのも一案です。

そうやって、いろんな角度から、現在の自分の状態を見てもらい、本当は、どうすべきか自分で判断する決断力も、本当は必要だと言えるのかもしれません。

とは言え、症状が重い場合、そんな判断力がない場合、ご家族などに頼ってもいいのだと私は思います。

ちょっと深くなってしまいましたが、自分の症状とは、本当は誰も正確にわかっていないことが往々にして在り得る病気でもあります。

ですので、ある程度は主体性を持って、自ら病気に挑む、それができれば、回復もまた早いのかもしれませんね。

もちろん、それができていればこんなに苦労はしてないよ、と思われる人のほうが多いのは承知の上です。

しかし、待っているだけの姿勢では、本質が見えてこない。

残念ながら、日本の現在の医療事情では、それもまた、言えることなのかも知れません。

社会的入院

こんにちは、謙児です。

今日は、ちょっと真面目な話です。
でも、皆さんも他人事として捕らえていいのか？という、問いかけも込めて、あえて書いてみたいと思います。

最近は、テレビでも、よく報道されるようになりました。
「社会的入院」。一応、わからない人のために説明しておきますと、退院しても、行く場所も社会で働けるだけのノウハウもなく、本当は退院もできるのに、病院に残らざるを得ない人たちのことです。

実際、私が長期間入院していた病院にも、こういう人たちが多数いました。
実に入院歴ウン十年とかそんなになるそうです。

もっとも、最近は首都圏を中心に、それではいけない、ということで、社会復帰訓練を実施して、住む施設なども提供して、病院から脱出させる施策もようやく施されるようになりましたが、それでも、全国で見ると、これから、という感じです。

皆さんも、働けない体になって老後を迎えたら、どうなるのだろう？と、心配している人も多いかと思いますが、少なくとも今までは病院がその受け皿になっていました。

ようやく、最近になって、グループホームなどといったサービスが増えてきた傾向にはありますが、数としては全然足らず、入所希望者が数多く待っているとの話です。

それにしても、あんまりな話です。
どこにも行く場所がなくて、病院から出られないなんて……
しかも、実際私も接したからわかるんですけど、全然普通の人なんですよ。
むしろ、いい人のほうが多いくらいです。
若いうちに入る私には、よくシーツのたたみ方とか親切に教えてくれていました。

でも、こんな現状があるから、この分野は遅れている、なんて言われるのでしょうが、じゃあ誰が悪いのかというと、かなり昔の国の政策まで遡らなければいけなくなってしまいます。

もちろん、一人暮らしできる人は、福祉サービスやボランティアさんの手を借りて、作業所に通いながら、何とかやっている人も多いですが、そんな将来しかないのか、と考えると絶望的な気分になる人も、きっと多いでしょう。

なので、私たち当事者も今後できることは協力していく姿勢は、たぶん大事です。

明日への希望を信じて夢見なきゃいけないのは、他ならぬ私たちなのです。

私個人の意見ではありますが、この障害を抱えていても、社会に役立てることが何かある、そのスピリッツは多くの人が持ったほうがいいのだと思います。

確かに、急激に変えることは難しいですが、少しずつ紐解いていかねば、向上も有り得ないかもです。

私たちは、決して無理をする必要はないんですが、ただ、行政がしてくれることを待つだけでは、なかなか進むものも進まないのでは、と思ってみたりもしています。

今日も、深い話になってしまいました。

ですが、私にとっては、大切なことを書いたつもりです。

どうですか？

これじゃ、いけないと思いませんか？

少しでも、希望ある人生を過ごすためにも、何かできること
はないのか。

私は、そんな想いも込めて、このブログを毎日書いていたり
もするんですよ。

努力しても、赤点しか取れなかった世界史

こんにちは、謙児です。

今日は、相談を投げかけたい気持ちなので、早めのアップです。

実は私、高校生のとき、世界史の単位を落としました。
留年には、至らなかったので、まだマシなのですが、学年の
5回あるテストが全部赤点だったので、落とされて当然と言
えば当然です。

そんなに勉強しなかったのか？

決してそういうわけではありません。赤点ばかり続くので、
必死に勉強した回もあったのですが、ロクに勉強しなかった
ときと変わらず、20点しか取れませんでした。

そもそも、丸暗記するしかない、人名などのカタカナの羅列
を何故に1字違わず覚えなければならないのかが、どうして
も私には、納得ができませんでした。

今考えると、だからと言って、英単語と同じように、まず、
カタカナの羅列から丸暗記しようとしていたので、答案を埋

めることだけはできたのですが、時系列などの本質を覚えていなかったので、順番が、めちゃくちゃでした。

結果、先生からは、全く努力の跡がみられないと解釈され、単位を落とされました。あの悔しさは、今でも忘れることができません。

今、世界史の勉強をしても、そのテストの形式で点が取れるか、と言われれば、今でも自信がありませんが。

時は流れ、社会人になりました。最初に与えられたミッションは、「飛び込みの営業」でした。

全然仕事を取ってはこられませんでした。何百件と件数は回ったのですが、ほとんど取れないに等しい状況でした。

しかし、日報にそのことを正直に書いたのですが、上司は信用してもらえませんでした。

結果、同じように、「努力の跡がみられない」と解釈され、退職を余儀なくされました。

これも、今考えると、子供の御用聞きみたいに、機械的に回っていただけなので、そんなのでは、信用して仕事を預けてくれる気に相手もなるはずがありません。

これは、今ならばわかります。

さて、今、事業計画書を書いています。努力はしていますが、いくら書いても、努力しても恐らくですが、全部赤点です。

どうやら、発想のポイントが、上に書いた2点と同様に、相当に間違っているようで、「この計画なら、収益が上がりそう」と読み手に思わせる書き方が、いくら勉強しても書けそうにない状況にあるようです。

私は、無料奉仕するぶんには、集客するツボを何となく押さえているようですが、「代金をいただく」といった行為のツボをいまだに全然理解していないようです。

その証拠が、先日自費印刷出版すると書いた（※省きました）このブログの簡易書籍版の受注が一件も取れていない。そもそも、オークションのページにアクセスすらされていない。

この事実に凝縮されていると言えるでしょう。

「ビジネスの常識くらい、知っておいてもらわないと困る」

今、私の周りにいる人は、みんなそう思っているでしょう。

しかし、どこが間違っているのか、全然理解していない。
理解しようとすればするほど、ますますポイントがズレていく。

今に始まったことではないので、今更、という感じではありますが、いきなり挫折しました。

恐らく、何だかわかりませんが、相当に意識を変えないと、事業は、結局失敗するでしょう。努力は十分にしていますが、そのベクトルが全然違うので、努力したことになっていないようなのです。
恐らく、わかっている人から見れば、「ビジネスと遊びを一緒にするな」と見えるでしょう。私はいたって、真剣なのですが。

困りました。

私は、ボランティア事業以上のことをする才能がまるでないのでしょうか。

結論、私に必要なのは、やっぱり「自分に自信を持つ」ということ

こんにちは、謙児です。

たぶん、読者の方も、わかっていたのでしょう。その他のあらゆる人も、わかっていたのでしょう。

「え？　それが本質だ、ということに気付いてなかったの？？？」

そう思う人さえいるでしょう。

「何でこれだけのことを達成してるのに、何故に本心では自信が持てていないのか、理解ができない」

そう言う人すらいるでしょう。

やっとわかりましたよ。私に今、一番必要なのは、

「真の意味で、自分に自信を持つこと」

やっぱり、ここでした。

始末が悪いのは、そう指摘されるまで、態度でも自信のなさが見え隠れしていたことに、自分でも全く気付いていなかった。

はぁぁ。こんなんじゃ、ダメですね。

もっとも、これも今に始まった話ではありません。

これまで、サラリーマン時代でも、そのせいで損ばかりしていたような、そんな気もします。

でも、これは結構根深い話でもあります。

私は学生の頃から、ずっと怒られ、けなされ、叩かれ続けていました。

やること為すこと、全て否定され続けていたこともありました。

そして、いくら環境を変えても一緒でした。

なので、私はずーと、「本当は自分は、取るに足らない大したことのない人間なのだ」そう、何十年も刷り込み続けられていました。

ですから、「本当は能力あるんだから、もっと自信を持ちなさい」

この指摘のほうが真実なのに、本心では、「本当はそうじゃない」と受け流す自分ができあがってしまっていました。

でも、それが間違っていることに、真の意味でやっと気付きました。

とは言え、自分の能力、才能とは、一体何なのか、真実を知るのが怖いです。

おそらく、それを告げられたとき、私は卒倒するでしょう。そして、しばらく寝込むでしょう。それで、刷り込まれていた

「本当は自分は大したことがないはずだ」

という理論に当てはめて、逃げようとすることで、解決する方向に収束させていくことでしょう。

もう、わかりません。

今書いたことは、全部妄想ならいいのに。
そんなことすら、思ってしまいます。

たぶん、この心境、理解はしてもらえないでしょう。

でも、これをクリアしないと、前にも進めないでしょう。

なので、その意識を変える方法を皆さんに問うつもりまでは
ありません。

ですが、ヒントがあるのだとすれば、知りたいです。

それでも、私は前に進まなければなりません。

でも、どうしたらいいのか、わかりません。

誰か、ヒントを教えてください。

私は、救いようのないバカです。

カウンセリング療法の大当たり発見 !?

こんにちは、謙児です。

実は、このところ忙しかった理由のひとつに、「定期的にカウンセリングを受けられるところが欲しい」ということもあったのですが（主治医は必要ない、と受け流して、紹介状も書いてくれそうにない）、

県に相談したら、あっさり見つかりました。やっぱり、いろんなところを当たってみるものですね。

最初聞いた時、「そんなところがやってるの？」と耳を疑いましたが、確かにここなら悪いことにはならないハズです。

それで、どこなのか、というと、地元の某大学の臨床心理センターです。
通っていた高校の近くなので、そこに行くのなら、慣れてますし、なぁんだという感じで、拍子抜けってのもありましたが。

その上、何で驚いたのか、というと、その大学には医学部はないんですね。
まさか臨床心理も研究しているとは夢にも思っていなかった

ので、意外過ぎました。

もっと驚いたのは、料金。これはかなり安いほうに入るんですけど、50分でたったの2000円なんだそうです。

こりゃ行くしかないでしょう、ということで、早速電話を入れました。

事情も話しましたが、全然ＯＫとのこと。

いゃあ、我ながら、よくこんなとこ見つけたな、と思います。

実際、カウンセリングを受けてみないと、その質までは断言できませんけども、おそらく来週に行くことになるでしょう。

良さそうなら、報告したいと思います。

でも、全国的にも、結構医学部はないけど、臨床心理を研究している大学などって結構ありそうです。

逆に変な宗教色入っているような、巷のカウンセリングルームもあるようなので、こういうのは、皆さんにもお勧めしたいのですが、よく調べられてから、のほうがいいかと思います。

そんな感じで、私は確実に前進していますよ。

本来の自分を取り戻せるのは、もうすぐそこって感じすらします。

精神病は遺伝する!?

こんにちは、謙児です。

今日も「大胆な仮説」のコーナーです。「果たして、精神病は遺伝するのか!?」。これに対し、私は思い切り答えます。

No です！

精神病は遺伝はしません。ですから、安心して結婚して子供も生んじゃってください。

何故か、と言われると、経験的直感、としか言えなくて、明確に答えられないんですけど、日本でも有数の？いろんな症例を知っている当事者が言っていることですから、それほどピントはズレていないと思います。

結局のところ、精神病とは、ストレスを溜め過ぎて爆発した形態だと私は考えています。

それで、全く同じイヤな目に遭っても、どのくらいストレスになるか、これも個人差が大きすぎます。

ですから、一概に言えないと、私は思うんですね。

確かに、社会でストレスを溜めやすい体質の人もいることは私も認めます。

そんな親の性格を受け継ぐと、同じように育てば、発症する、ということもあることは私も否定はしません。

ですが、そういう事情ならば、それは遺伝ではないですよね。

どうも、そこを勘違いされているような気がしてならないんです。

発症した親を反面教師にすれば、むしろ発症する確率が格段に下がる、そう考えるのは私だけでしょうか。

それにしても、この病気、なんでまた一度ハマると、ドツボみたいに抜けられないんでしょうかね……

いくらストレスから遠ざけても、何年経っても治りゃしない。

私は、これも不思議でしょうがないんです。

でも、この理由を解明できれば、もしかしたら精神病の特効薬や療法、編み出せるかもしれません。

ですが、こればかりはそう簡単にはいきません。

やっぱりこれは、世界中の「永遠のテーマ」です。

もっと言うと、あなたが付けられたその病名、納得していますか?

私は「統合失調症」と診断されていますけど、かなりメジャーな病名でもあるんですけど、それでも全然信頼していません。

だって、聞いたことないですよ。幻覚も幻聴もないのに、「統合失調症」って診断された人なんて。

ですから、本当は100人いれば100の病名があって然るべきと私は考えています。

ですので、私は医者の主観でつけられた病名で人を判断することは一切しません。

そりゃ、傾向の参考にはしますけど、本当のところは実際にお話させていただかないと、私にもさっぱりわかりません。

なんで、このふたりが同じ病名なの?そう思わされるくらい、

実際には開きが大きすぎます。

それで、ドクターのひとつの判断材料として、知っている手を明かすと、どうやら、効果があった薬の傾向で病名がついているみたいです。

そんなんじゃ、本質になかなか近づかないハズです。

ドクター様、なりたくて精神科医になったんじゃないかもしれませんけど、これどうなんですかね？

もっと、プロらしい仕事をしてくださいよ……

私は、声を大にして、これを言いたいです。

社会適応性がないだけの人は果たして精神疾患なのか

こんにちは、謙児です。

どうしても書きたいことがあったので書きます。

私もこれまで病院に限らず、一風変わった人を何人も見てきましたけど、なかには精神疾患の症状が何もないのに、保護する場所が精神病棟しかなくて、社会に出せないような人もいます。

世の中には、いくら社会のルールを教えようとしても、自分の歪んだ価値観から抜け出せず、その声が全く届かない人もいるのです。

自分は正しいと思い込んでいるのですが、実際は社会常識から逸脱しすぎていて、周りに迷惑を散々かけているのに、その実態にいつまでも気付かない人のことを指しているのですが、度を過ぎて手の付けようのない人もいるのです。

ここまで読んで、よくいるような「イヤミなおばちゃん」を想像した人も多いと思いますが、それどころじゃない人も中にはいるんですよね。

具体例を挙げると、前にテレビでよく出ていた「騒音おばさん」などを念頭に置くといいと思います。

あの人は結局、裁判にかけられて有罪となりましたが、恐らくなんでそんな事態になったのかすら、いまだに理解できていないと思います。

裏を返せば、裁判官も「精神疾患ではない」と判断した、という解釈もできると思います。

さて、ネットが爆発的に普及した昨今、いろんな人が楽しむようになりました。と同時に悪害なサイトも残念ながら多数現れました。

あの「５ちゃんねる」が最たる例なんですけども、どうも中にはコミュニティ系のサイトを、全て５ちゃんねるを基準にして考えている人もいるようです。

ここのコメントなどもそうなんですけども、5chと同じように、誹謗・中傷・暴言など何でも書いていいところだと、思い込んでいるような人も存在する、ということです。

これは困った事態です。

しかも、そんな顔をＰＣの前でしか出さない訳ですから、医

者にかかっていたとしても、いつまでもドクターにそのこと
が伝わらないまま、時間だけが過ぎていくことになります。

こういった人たちを、私はこれからどう扱ってあげればいい
のか、とても悩ましいところではあります。

皆さんはどう思いますか？

志半ばにして……GameOver

こんにちは、謙児です。

大変残念なお知らせです。
資金が底をつき、約 300 万円もの借金だけが残っているのが
現状となりました。

見込み客どころか、事業概要も定まっていない状態に戻った
現在、借金を返済していくのは不可能な状況と言わざるを得
ません。

手元にも、いくらかは残っていますが、何とか破産申し立て
の弁護士費用が捻出できる程度です。

大変無念ですが、決断するのであれば、今しかありません。

今、決断しなければ、借金の取立てなどで、かなり辛い目に
遭うことになり、病状も悪化して入院は必至でしょう。

明日、弁護士に破産申し立てについて相談する予約を取りま
した。

スムーズに進めば、余計な心労をこれ以上重ねることもなく、やっと身が軽くなれます。

なんか、とても、とても、疲れました。

無理をしていないつもりが、実はかなり無理をしていたことに、やっと気付きました。

収支の計算もロクにできていないまま、闇雲に動いていたなんて、経営者として不適格だったと言わざるを得ません。

なので、しばらくお休みをください。

大丈夫ですよ。私は、自殺なんかしません。

それに、破産したからと言ってブログのアカウントまで取られることはないので、これで皆さんとお別れ、ということにも、たぶんならないとは思います。

でも、ちょっと疲れました。

だから、しばらくお休みをください。

実は、今の私に必要だったのは、もっと、ゆっくりとしたお休み。

まさに、それであったのだと思います。

だから、ちょっとお休みをください。
ちょっとだけ、疲れてしまいました。

今まで、期待して下さっていた皆さん、本当にごめんなさい。

でも、やっぱり私には無理でした。

ごめんなさい。

※その記事についたコメントへの返信
今年２月のブログ開設からすべて読んで、さらに行間から察せよ、というのは酷な話ですので、事態が把握しづらいのは、ご指摘の通りです。破産か否か、という話になった根源は、このブログの最初のほうに書いた、「某国家資格受験者、教育者、関連する業界人向けITサポート事業」の話が流れて、それまでに蓄積された経費の赤字を補填できなかったことに端を発します。
この時点で任意整理していればよかったのですが、下手に微妙な額の資金調達ができてしまったので、それで無理に回していこうとしたため、結局このような事態になった次第です。

精神疾患者対応のNPO運営については、諦めたというまでではありませんが、調査分析を重ねて収支を検討した結果、一部の富裕層の方にしか拠出できない金額でしか、現状ではサービスを提供できないという結論となりました。障害年金や生活保護でつつましく暮らしている人が、実際に月々いくらで生活しているか、ご存知ですか？

すぐやりたいのは、やまやまなのですが、残念ながら、それを継続させるために先立つものは、私も持ち合わせていないのが、残念ながら結論、ということになりました。

それに私はこの世界では無名の人間です。関連分野でとりあえず実績を上げ、認めてもらえないと、資金面はクリアできても、運営上行き詰まる公算が高いのも事実です。

物事には、社会のルールに則った「順序」というものがあります。

一見遠回りしているように見えて、実は確実な成功をもたらすには、その方法が適切、ということもあります。ひょっとしたら、今回の「資金行き詰まり」もプロセスのひとつに過ぎないのかもしれません。

それは、どうかご理解いただければ、と。

ですから、私はあんな書き方をしましたけど、実は何も諦めてはいないんですよ。ただ、適した時期を窺いつつ、十分な準備に余念のない日々を過ごしています。

昼夜逆転の危機

こんにちは、謙児です。

さて、たっぷり寝たのはいいんですけども、今度は昼と夜が逆転した睡眠時間になってしまいそうな、危機を迎えていたりします。

これも、今に始まった話じゃないんですけども、あんまり、いい傾向ではありません。

やっぱり、少しでもナチュラルな生活を送りたいのであれば、夜にしっかり寝たほうが体の調子が良くなったりします。

でも、「睡眠」この病気を患った人の多くが、実はこの問題に悩まされていたりするのが実態です。

「夜に眠剤を飲んでも眠れない」
ともかく、そう訴える人がとても多いですよね。

結局、昼でも夜でも、うとうとするくらいになっていて、トータルだと少しは寝ているんですけども、睡眠を分けて取っているような形になってしまっているので、深い睡眠にならず、アタマがいつも、すっきりしない人が多いのだと思

います。

ここからは、私の自説になるのですが、この「睡眠」をコントロールできるようになること、これが回復への第一歩と私は考えたりもします。

悩み事が多いときほど、実は本当は睡眠もしっかり取らねばならないのです。

それも、連続して５時間は寝て、深い睡眠を取らねば、恐らく本当の脳の休養にならない気がします。

もちろん、「それが出来ていれば、苦労はしてないよ」

と思う人も多いのは承知しているんですけども、こういうところから切り崩していかないと、いつまでも、いい気分を取り戻す時間を取れないのかもしれません。

はっきりと「睡眠障害」と診断されている人は、もちろん私の言うことなんかよりも、ドクターの指示のほうを優先して欲しいのですが、「工夫すれば、夜に長時間寝れるかも」という感覚がある方は、意識して睡眠を多く取る工夫を考えるといいような気がします。

例えば、昼間じっとしているばかりだと、そのまま深夜に突

入してしまいがちですが、外に出て買い物がてらウォーキングしたり、ちょっとした運動をして適度に体を疲れさせると、寝やすくなれます。

あえて昼寝したい邪念を振り払って、夜まで我慢したりするのも、案外有効です。

ちなみに、私の場合は、もともと脳が疲れやすい人らしくて、昼夜逆転することはあっても、睡眠時間が短くなることはなかったので、ある意味恵まれていたのかもしれませんが、ともかく、やっぱり私の一番の薬は「睡眠」でした。

これは、今ならば断言して言えます。

ですから、今日も昼間にたくさん寝ましたけど、夜も無理矢理寝るでしょう。

「睡眠」を例にしましたが、自分なりに健常者と違う生活パターンをまとめてみて、健常者と同じようにできることはないか、考えてみるのも、また一案なのかもしれませんよ。

ヘルパーさんを頼むことにしました

こんにちは、謙児です。

先日、ひとり暮らしを始めるので引っ越しの手続きをしに区役所へ行った折、ヘルパーさんのことも打診してあったのですが、何と私の場合は手帳は来年8月まで2級のまま、という条件他諸々があって、月15時間は無料で呼べる、という回答が返ってきたので、頼むことにしました。

3年前の診断書の内容が、まだ生きるとは、何とも不思議なものですが、確かに助かるので、本音を言うとありがたいです。

「今更ヘルパーさんなんて呼んで何を？」

と思われると思いますが、一番の目当ては
「おかずの作り置き」です。

自炊にチャレンジしても、全然長続きしない私には、とてもありがたいサービスです。

実は、今までひとり暮らししてた時は、ほとんど外食かコンビニの弁当だったのですが、それだと食費もかかりますし、栄養的にも、あまりよくありません。

そこで、いろいろ考えたり相談していたりしたら、こういう
選択肢が出てきたので、ありがたく使うことにしました。

早速、来週から入ってもらうことになったのですが、まずは
調味料や食器などの買い出しから、という段取りになります。

がさつな男には、このあたり、テキトーになりがちですが、
家事のプロにお願いするのですから、いろいろいいアイデア
を出してもらえるものと期待しています。

また、時間の余裕があれば、ですが、部屋の掃除もしてもら
えるそうなので、それに甘えきっちゃダメですけど、プロの
掃除法をしっかり盗ませてもらいたいと思っています。

ヘルパーさんの事務所もアパートから徒歩10分くらいのと
ころですし、24時間電話対応もしているので、万一の時も
頼りにできそうです。

それに、精神疾患に対する理解も深かったのもポイントが高
いです。

そんな感じで、私にもいつまでも親がついている訳じゃない
ですから、生きる術を少しずつ思い出し、身に付けていきた
いと思っています。

私はうつ病も精神病だという解釈もアリと思いますが

こんにちは、謙児です。

最近の読者さんの反応などを見ていると、うつ病は気分障害であって、精神病のカテゴリには入らない、と厳格な線引きをしている人が多いように見受けられるんですが、私はそうは考えていません。

もちろん、自分が「精神病」だということを認めたくない思いが強い故に、あくまでも「気分障害」だと言い張りたい、という人も多いかとは思いますが、こういうところで変に気構えると、かえって辛かったりすると思うんです。

キツいものはキツいんですから、それは自分の中でも認めてあげたほうが、おそらく肩の力を抜くことができると思いますよ。

実際、これだけ症状が多岐に渡ると、ついた病名にこだわる必要はありません。
極端な話、診断したドクターによって、病名が違うことも多々あります。

そもそも、定義やガイドラインがしっかり定められている病

気ではありませんから、ついた病名に惑わされることは避けてほしいな、と思ったりもします。

そういう私も、20代から精神科に通っていたのですが、ずっと「大したことはないよ」と言われ続けていたんですね。

薬は出して貰えていたのですが、正直、飲んでも、それほど効果を感じませんでした。

病名すらつかなかったハズの状態だったのに、いざヒドい症状がとうとう露出した結果、いきなり「心因反応」とか「抑うつ状態」という言葉がカルテに載るようになり、その後、「統合失調症」という、きちんとした？病名がやっとつきました。

正直、「早期に何で気付いてもらえなかったの？」という、思いもありますけども、それを今更どうこう言うつもりはありません。ドクターから見ても、判断のしようがなかったのだと思います。

でも、これを説明すれば、「病名に惑わされないで」という私の意図をわかってもらえると思います。

私は「大したことない」と言われたから、仕事で無理をし続けて、結局倒れたんです。

大事に至った時に、やっと本質に気付いてもらえたのです。

なので、キツかったら、休みましょうよ。そして、自分を労わってあげましょうよ。

もちろん、医療機関を批判するつもりはないのですが、どんな人でも「自分にしかわからない辛さ」ってあると思うんです。

でも、そこで踏ん張るのは、少なくとも今の時代では違うような気がしてなりません。

確かに、いずれは気付いてもらえないと、回復へ向かうことも困難でしょう。

でも、大事に至るまでわからない、という現況、どうにかならないものか、と思ったりもします。

当然、これは私が口出しできる事柄ではありません。

最先端のドクターに頑張ってもらうのを期待するしかないんですが、実を言うと、あまりにも課題が多すぎて、どこから手をつけたらいいものやら、っていう状況になってしまっているのが事実でもあるのです。

なので、私たちにできることがあるとすれば、本当の原因と
的確な表現の辛さを、訴え続けるしかない気がします。

私がいつも、「考えてくれ」と言っている意味は、それです。

辛さは、どこかで吐き出さねばなりません。

でも、それはネットに書き込むことではありません。

この意味、わかってもらえますか？

ヘルパーさんの活躍

こんにちは、謙児です。

前にもお話していましたが、ヘルパーさんを頼むことになって、これを書いている日が２回目となりました。

前回は、調理用具類の買い出しやらなんやらだったのですが、それでも時間内にハンバーグを作ってもらえるとは、さすがプロだな、って感じです。

今日は鮭のホイル焼きを作ってもらって、部屋の内装をいじってもらったのですが、手際がいいのなんの。
ホントにプロは違うな、と思います。

それで、前回と今回は、責任者のベテランのヘルパーさんがついていたのですが、私の頼む仕事は、ヘルパーさんの仕事の中では割と難易度が低いほうになると思うので予想はしていましたけど、今後の主担当になるのは、まだ学校から出て間もないと思われる、若い女の子になりそうです。

素朴な感じの、でも芯はしっかりしていそうな娘なんですけども、なんだか、好きな人がご飯を作りに来てくれたのと思わず錯覚しそうです。

余った時間はおしゃべりしたりもしますから、何か男性読者さんから（女性も？）袋叩きに遭いそうな悪寒……

もちろん、小心者の私にあらぬことなど、できるはずもないので、その点はどうぞご安心を（当たり前ですっ！）。

彼女にも、安心して仕事をしてもらえるように、来てくれている間は、換気も兼ねて、ドアや窓を全部開けるようにしておこうと思っています。

家事そのものは、もちろんプロなので、お任せするわけですが、いろんな話をして、世の中のこととか、教えてあげられるといいな、と思っていたりもします。

まだ、突っ込んだ話はしていませんけども、いずれ明らかになってくるでしょう。

リアル私を知っている人は、私の話術がどれほどのものであるか、よくご存じかと思いますし（爆）。

それはともかく、若い人と接する機会が持てる、というのは、それはそれで貴重な経験となりそうです。

この就職難の中、勝ち上がった人でもあるわけですし、たぶ

んしっかりした娘だろうな、というのが、今のところの印象です。

でも、彼女は一方で老人の入浴や排泄のお世話などもしていることでしょうし、せめてウチでは気を抜いて仕事ができるように、労ってあげたいのが、素直な感情だったりしています。

どのくらいの距離を保って接してあげるのが適当か、ちょっと想像がつかない部分もありますけど、多分何とかなるでしょう。

要するに、口説くようなことを言わなければいいだけですし（ナニを言っているのだ……）。

なにぶん、私には普通にしゃべっていただけで6時間くらい経過した挙句に、向こうから直電教えてもらえたことが複数回ある、という前科（?）がありますので、それだけは絶対にないようにしたいですけど、向こうも仕事で事務然という感じを保っているなら、大丈夫でしょう。

ということで、今日はナニを言い訳しまくっているのだ、と思われそうな記事でした。

お粗末様です。

睡眠が浅いらしいです……

こんにちは、謙兒です。

ここひと月ばかり、寝てばかりいるのに、全然アタマがすっきりしないもので、いろいろ相談してみたら、やっぱり睡眠が浅い状態が続いているらしいです。

前より減ったとは言え、変な夢もよく見ますし、起きているうちも、アタマがボヤっとして働かないので、たぶん間違いないでしょう。

それに、これはどう考えても「寝すぎ」な状態ではないもので。

ということで、今日寝る前はドラールを投入しようと思います。

それでもダメなら、病院に行って、ブログもお休みさせていただく場合もあるかもしれませんが、一時的なものらしいので、そこまで深刻になる必要はないでしょう。

でも、いつも睡眠の大事さを唱えている私がそんなんじゃダメですね。

やっぱりまだ「病人」なんだ、ということを認めるべきところでもあるでしょう。

ともかく、今までの無理も祟っていることもあるでしょうし、本当は主義に合わないのですが、少なくとも今年いっぱいは、のんびりするのを心がけようと思います。

思えば、そう受け流せるスキルも身に付けられた気もします。

実を言うと、私自身、自分の中で勝手に納期を決めていたりした部分もあったのですね。

その通りに体が動かなかったことに対して、ストレスを感じていたようです。

サラリーマンやっていた癖、というのは、怖いものです。

無意識の中に、急かす自分がいたりしました。

誰も、無理してまで急ぐことなど望んではいないのに、習性としてそういう発想に至るのは、考えものですね。

ただ、私が一番恐れているのは、「怠け癖」になってしまいやしないか、ということ。

どこまでが休息で、どこからが怠けか、それを見極めるのは
難しいんですが、たぶん、今は前者でしょう。

今までもそんな繰り返しで、いずれは活動期が訪れていたの
で、自分を信じてみることにしたいと思います。

と言っても、ブログを書くことは仕事と思ってしていること
ではないので、なるべく毎日続けていきたい気持ちは大きい
です。

でも、今までもそうでしたけども、それすらも「負担」と感
じるようであれば、素直に休みますので、その節はご了承く
ださい。

でも、これだけ続けているのに、何を今さら、って感じもし
ますけどね。

私はただ、思いつくまま、くだらないことを書いているだけ。

それでいいんだと思います。

偏見が多い、と嘆く前に

こんにちは、謙児です。

ちょっと今日は過激とも取れる内容になるかもしれません。

でも、あえて書いてみたいと思います。

「精神障害者は偏見されることが多い」
「精神障害者はキチガイ扱いされる」

こう嘆く人が、事実として、やはり多いです。

ですけど、確かにいずれはクリアされるべき問題なんですけど、日本の場合は、私はそれ以前だと思ったりもします。

ひとつ問題を出します。

「障害には３種類ありますが、何ですか？」

これに答えられる健常者の人って、どれくらいいますか？

答えは、身体・知的・精神なんですけども、「障害者」と聞いて精神を想像の中に入れられる人って、そう多くはないと

思います。

もっと、難しい問題を出します。

「知的障がい者と精神障害者、どう違うのか、説明してください」

これ、関係者どころか当事者でも正しく答えられない人が多いのが事実です。

知的障がいの方を引き合いに出すのは、非常に心苦しかったのですが、その点はお察しください。

私も、これ以上言及するのは辛いので、この答えはご自身でお調べいただければ、と思います。

どうですか？

こんな基本中の基本さえ知らされていないのに、誤解や偏見が生まれないハズはないです。

これ、誰が悪いんでしょうね。

あえてズバリとは言いませんけども、お上の責任だと私は思います。

ですから、本心では偏見を持っている人に対して、それが悪いことだと果たして言えるのか。

そうじゃないでしょ。

知らされていないのだから、誤解されるのも当たり前、私はそう思うのですが、これ間違っていますかね？

こういう基本から、少しずつ解きほぐしていかないと、いつまでもお互いの議論が平行線を辿るだけだと思います。

過激なことを言います。

現在は、精神障害者の支援団体も増えて、全国規模の会合なども行われるようになりました。

でも、それに集まるのは当事者と関係者だけですよね。

「その意見、まず健常者に教えるべきことでしょ」。

言い方が悪いですが、身内だけで議論したって、傷の舐め合いで終わるだけです。

「精神病は病気のうちに入らないと思う」
私は、そうズバリ、他人から言われたことがあります。

でもそのほうが、まだマシかもしれません。

私たちって、いつから社会的地位が低い身分と決めつけられたのですか？

「憲法第 11 条 - 基本的人権の尊重」

この事態は、憲法違反に該当すると思うのは、私だけですかね。

原因があるとすれば、「隔離政策」なんぞを、いつまでも推進していた、今は無き省庁のせいなんじゃないですかね。

こう書けば、これ、誰に向かって言っているか、わかりますよね。

乱筆、乱文、大変失礼いたしました。

これが、私の思うところです。

その昔の精神障害者

こんにちは、謙児です。

今日は、精神障害の歴史的事実から辿った考察です。

なにぶんにも、今まで精神障害はベールに包まれた部分が大きく、その歴史が明らかにされていないのが実態でもあります。

これから私の視点に基づいた見解を書いてみますが、想像で補っている点もあることをご容赦ください。

もっとも、これについては誰も正確なことを答えられる人など、存在しないのかも、という気もしますけどね。

さて、いろいろ調べてみたところなのですが、諸外国では17世紀頃から病気として認知されはじめたようです。
学問的にもいろんな研究をされ、様々な説や学派が入り乱れていたとのことです。

ただ、やはり当初から海外でも偏見を受ける病気として扱われており、20世紀初頭のナチス・ドイツ政権下では、ユダ

ヤ人の大量虐殺が問題視されていましたが、同じように精神障害者も虐殺されていた、という説もあります。

日本ではどうなのか、というと、聞いて驚くかもしれません。最初に社会的に疾患として認められたのは、1900年の精神病者監護法の制定であるようです。

あまりの歴史の浅さに驚きですが、「精神病者監護法」とは、あからさまに蔑視されている名称とも言えます。

実際、世論としても、「精神病者は危険で何をするかわからないから、町に出してはいけない」という風潮が強かったとのことです。

このことから察せられるのは、本来、精神障害者とは、本当に「キチガイ」と言ってよいほどの、もはや理性を失っている人を指して使われた言葉であった、と推測することができます。

ですから、私もそうですけど、この著述をちゃんと読めている程度の人は、その昔は「精神障害者」のうちに入らなかったみたいです。

そもそも、現在と違って、普通に生活するのに脳を酷使したりして、精神的不調が発生するケースなど、稀であったと推

測することができます。

それだけ、昔は日本の統治システムがある意味良く整備されていて、そんな苦しみの発生しにくい世の中が形成されていた、と考えることができます。

であれば、差別されて偏見を受けるのも、ある意味納得です。

そりゃそうでしょう。イカれた目つきで、包丁持って、町を闊歩している人などいたら、そんなの私もイヤですよ。

そういう人が、当初の「精神障害者」の定義であったとすれば、「閉じ込めておけ」なんて話になるのも、わからなくはないです。

こうして、日本の「隔離政策」の時代は長く続くことになります。

その間に諸外国では徐々に情勢も変わってゆき、時代の変化と共に、「精神的不調がいつまでも治らない」という、現在の私たちと変わらない症状を訴える人も増えてきたものと思われます。

こうして、「精神障害者」の定義も拡大解釈され、現在のよ

うに、悪いことはしないけど、単に働けないので、支援が必要、という人も含むようになったものと私は考えています。

ところが、どういう訳か、日本はそんな世界的な流れを受け入れずに、「隔離政策」をやめなかったのですね。

聞いた話によると、WHOが隔離政策をやめるよう、何度も日本政府に勧告したそうなんですが、何故だか日本は応じなかったらしいです。

ということで、今でもなお、日本は世界一精神病床数が多い国でもあったりします。

これ、知ってました？

という事情ですので、私個人としては、政府の責任を厳しく追及したい思いも強いのですが、なんか、あんまり聞いちゃいけないような理由もありそうな気もなんとなくします。

WHOの勧告に応じなかった、というのは、何かやはりそれなりの事情はあったのでしょう。

私も、さっぱり想像はつきませんけどね。

それで、現行制度に大幅に近づいたのは、何と 1987 年の
「精神保健法改正」からです。

呆れるでしょ？
つい、最近のことですよ。私は、とっくに生まれていて、高
校生の時なのです。

ということですから、日本の精神保健福祉は遅れている、と
はよく言われますけど、政府が最近まで隠していたので、こ
れでも期間の割には、大躍進を遂げているほうだと、解釈す
ることもできます。

ですが、世間のムードとして、メンタルな病気が一般的に
なった、というのは、理解が増したのではなくて、単に病む
人が爆発的に増えた、という理由だと私は思っているので、
こりゃ、何とかせねばなりません。

苦しんでいる人は大勢います。その声を受け入れる場、もっ
とあってもいいと、私は思うのです。

私の入院生活 1

こんにちは、謙児です。
今日から、久々に続き物です。
私の入院生活について、綴っていきたいと思います。

ただ、なにぶん一番ひどかった時の状態ですから、あまり記憶に残っていない点も多いのですが、思い出せるところをなんとか掘り起こしてみようと思います。

また、生々しい話も出てくるかとは思いますが、その点はご容赦下さい。

以前から書いていましたように、私に症状が本格的に出たのは約 20 年前の 29 歳の時で、仕事で徹夜が続いて、その状況から、脱却できそうにないのが発端でした。
その当時から、既にクリニックには通っていたのですが、正直、既に気休めにしかなっていなかったように思います。
常に気分が悪い状態であったはずですが、仕事をすることで、忘れようとするような、思えば悪循環で最悪な状況でした。

思い切ってしばらく休職することにし、一旦は復帰したのですが、仕事の山は相変わらずで、ウンザリして出社拒否を起こすようになりました。

その間、どうしていたのかというと、それまでギャンブルなどほとんどしたことなかったのに、何故だかインターネットカジノにハマっていました。

最初に、少々儲かってしまったのも、いけなかったようです。

支払いがクレジットカードなので、気がつけば、ずっと負け続けているのに、どんどん借金してお金を賭け続けていました。

ほどなく、その借金が払えないほどの金額に達したことに気付き、「もう、死んでしまいたい」と本気で思うようになった次第です。

その時は横浜でひとり暮らしをしていたのですが、それで福岡の両親に助けを求める気になったのが、不幸中の幸いであった気がします。

はっきり、「死にたい」と両親に伝えたため、その直後、近所の交番のお巡りさんと、都内の親戚が駆けつけてくれました。

会社からも、総務部の方が自宅まで来てくれ、思えばありがたい話だったのですが、それほどまでの状態に、私はなっていたのです。

そして、遅れて飛行機で駆けつけた父に実家へ連れて帰られたのですが、話はここからでした。

私の入院生活2

こんにちは、謙児です。

今思えば、もう私は廃人同然の状態でした。
実家に戻っても、インターネットカジノを隠れてやってしまっている状態でした。

そして、実家で暴れ回って家中のモノを壊しまくっている有様。

自傷行為や、他人に危害を加えることがなかったぶん、マシなのかもしれませんが、かなりヤバい状態だったのは事実です。

両親は断腸の想いでもあったのでしょうが、治すために「私を精神病棟に入院させる」という判断を下したようです。

私も呑気なもので、「入院でもすれば、気分が変わるかも」くらいにしか考えていませんでした。

そして、両親と共に病院探しが始まりました。

ところが、受け入れてくれる病院を探すのが大変でした。

当時は、「それほど重くない程度のうつだろう」という診断しかされていませんでしたので、「入院するほどでもない」と断られる始末でした。

両親は最後の手段として、地元の政治家のコネを使い、ちゃんと診察してくれるように、と、とある精神病棟専門病院に掛け合った次第です。

そこで、やっと強い抗うつ剤を注射してもらうことができたのですが……
見事に効きませんでした。

「入院されることをお勧めします」
病院の態度はコロっと変わりました。

そりゃそうでしょう。抗うつ剤が効かなかったのですから。

実を言うと、そこまで至るのに、帰郷してから随分時間は経っていたのですが、ともかく、こうして入院することがやっとできました。

最初は解放病棟に入ったのですが、ほどなく、注射をまた打たれたところ、体中の力が入らなくなり、アタマの働きも鈍くなり、ロクに身動きすらできない状態になってしまいました。

あれは何の注射だったのか、未だにわかりません。

ともかく、その状態を見て主治医は、「こりゃいけないな、部屋を変えよう」と、違う棟に移されたのですが、充てられた部屋は個室ながら、何だか牢屋のような不思議な部屋でした。

その部屋とは、閉鎖病棟の保護室であった、ということを後に知ることになります。

私の入院生活3

こんにちは、謙児です。

保護室での生活は、幸いなことに1週間程度で済みました。

食事をひっくり返したりはしましたけど、ほとんどは寝てばかりいたので、保護室に入れられたことの苦しみは、あまりなかったようです。

ほどなく、本数制限はありますが、喫煙も許可され、閉鎖病棟ながら、割ときれいな個室の部屋に移してもらえました。

閉鎖病棟、と言ってもその形態は病院によって様々ですが、私が入院した病院は、普通の病室だけど、病棟入り口には鍵がかかっていて外に出られないだけ、というものでした。

また、その病院ではレクリエーション活動も盛んで、強制的に参加させられるのですが、何もすることがなくても困るので、最初はありがたく感じていたものです。

症状も日に日に落ち着き、数週間後には、解放病棟に戻ることが決まって、順調な回復に胸を躍らせたものでした。

ところが、解放病棟がどんな感じか把握していないままだったので、ちゃんと動ける状態になって戻ってみると、違和感を覚えました。

まず、閉鎖病棟に比べると、圧倒的に人の数が多く、いつもホールは大勢で溢れていたので、落ち着くに落ち着けない、ということ。

それを避けて部屋で横になっていようものなら、怠け癖がついてはいけないと、起きて部屋から出るように、看護師から怒られる始末。

明らかに居心地が悪かったのです。

更に、数十年社会的入院をしている人について回られたりして、困惑したのを今でもよく覚えています。

ただ、解放病棟の師長さんは私に理解がある人でした。

4人部屋では落ち着けないだろう、と空き部屋を片付けてくれて、個室部屋にしてそこへ私を招いてくれました。

大変ありがたい話だったのですが、しばらくして、また閉鎖病棟へ戻す、という主治医の指示が出ることになります。

原因をよく覚えていないので恐縮ですが、たぶんその時の絶望感は相当なものだったはずです。

こうして大きな焦燥感につつまれながら、いつ退院できるかの目途もさっぱりわからず、入院生活が更に進んでいくことになります。

私の入院生活4

こんにちは、謙児です。

入院してから、もう3ヶ月は経っていたでしょうか。
いつ退院できるかわからない絶望感と、閉じ込められて外に出られないフラストレーションで、入院したことのデメリットのほうが多いのではないか、と思うほどでした。

いつも鬱々としていて、レクリエーションもサボりがちになっていました。

その時、「最悪の症状」が私を襲い始めました。

後に、「緊張の極限状態」と説明を受けましたが、ともかく言葉で説明できないほどに、神経が高ぶりすぎて、居ても立ってもいられないのです。

ベッドで横になれるどころではなく、食事すらする余裕もなく、ただ、ウロウロと廊下を歩きながら悶え苦しんでいる、そんな症状が発生しました。
そして、排尿できるわけでもないのに、数十分置きにトイレに通ったりもしていました。

当然、何度も看護師に訴えたのですが、
「夕方の薬を早めに飲んでみましょう」
とか
「さっき、薬を出したばかりなのですぐにはまだ出せない」
とか言われる始末。

その程度の処置じゃ、とても治りそうにないくらい苦しいの
に、いくら訴えても、対応は変わりませんでした。

3時間くらい苦しみ、訴え続けていたら、やっと、「ドクター
を呼び、注射を打ちます」ということになり、筋肉注射と呼
ばれる処置をしてもらえることになりました（その成分はリ
ントンなどだったと思われます）。
それで、やっと落ち着いて一晩寝ることで収まったのですが、
実はこの症状、その後頻繁に発生することになります。

しかし、いくら訴えても最初から注射をしてもらえることは
ありませんでした。

何時間も我慢させられて、やっと注射を打ってもらえる。

毎回そうでした。

それはそれは苦しかったです。
そして、随分年月が経過してから、前にも書きましたがそれ

は過剰投薬によるセロトニン症候群、特にアカシジアが顕著
に発生していたと、知ることになります。
副作用止めの薬を出してくれれば直ちに効いたのにこの時に
はまだこの現象は看護師にも知られていなかったようでもあ
りました。

それから一時期は安定もして、解放病棟にも戻ったのですが、
解放病棟でも、やはりこの症状が起こり、主治医を呼び出し
て、強く訴えたところ、

「それじゃ、閉鎖病棟に移す」

と、一言。

この世の終わりかと思いました。

私の入院生活5

こんにちは、謙児です。

それからも、こんなことの繰り返しでした。
精神病棟に入院しているのに、病んでいる状態から常に解放
されない気分でした。

それから更にまた、解放病棟に移されて、心理療法なども
やってくれることになったのですが、今更って感じでした。

「死ぬまでこの病院にいるのかな」

私はいつもそう思っていたので、かなり悲哀感が漂っていた
はずです。

「ひょっとして、死にたいと思っていませんか?」

ある日、心理療法の先生からズバリ、そう言い当てられまし
た。

私は頷くしかありませんでした。

それがもたらした結果は、また「閉鎖病棟送り」でした。

そして、前回に書いた「最悪の症状」の頻発は相変わらずでした。

もう一度その件は主治医に訴えたのですが、今度はちゃんと聞いてくれたかに思えました。

しかし、それでどうなったか、というと、「更なる薬の過剰投薬」が始まった次第です。

確かにそれでその症状は出にくくなりましたが、その副作用もひどいものでした。

歩いたり、食事したり、ともかく思うように体が動かず、まるで軽い麻痺のような状態になっていたのです。

廊下を歩いていただけで、他の患者さんから「がんばれー」と言われたり、

食事で、いの一番に私の分を出してくれたにもかかわらず、私が食べ終わるのが一番遅く、下膳のカートも下げられた後だったりしたので、他の病棟の下膳の中に入れてもらいに

行ったり、それはそれは、情けなかったです。

ただ、それほどまでに強い投薬をされていたので、悪いことを考えるような思考力もなかったようです。

それが本当に私にとって、いいことなのか、あえて書くまでもないでしょう。

私の入院生活6

こんにちは、謙児です。

そんな最悪の状況下の中でも、私の味方になってくれるドクターもいました。

系列の大学病院から来ていたドクターなのですが、当初は私の症状に学問的な興味を持ってくれたようです。

そして、副主治医のような形で接してくれるようになったのですが、家族も主治医では話にならないので、その副主治医に相談を持ちかけていたようです。

実は、その頃は私ももう、心はボロボロで、院内にあった公衆電話で毎日家族に助けを乞うていました。

ともかく、ここから逃げ出したい一心でした。

そうして、家族の熱意も伝わったようで、副主治医は内緒で薬を少しずつ減らしていくよう、計らってくれました。

もちろん、そのことは後に主治医にもバレて、大目玉どころの話じゃなかったそうなのですが、かなり薬も減った状態と

判明したので、主治医も退院させられない理由もなくなった
ようです。

こうして、やっと私の退院日が決まりました。

入院から10ヶ月後のことでした。

実は、その副主治医とは、このブログの最初に書いた「名
医」なのですが、当事者や家族が望むことと、医学界の評価
とは往々にして違います。
正しいことをやっていても、怒られたり悪評価がついたりも
することがあるのです。

その「名医」も、経緯はわかりませんが、今では大学病院の
籍からも外されて、病院を転々としていたりもします。

やはり、上層部との意見の食い違いが多いようでした。

そう思うと、心境はとても複雑ですが、あのドクターがいな
かったら、私は今、どうなっていたのか。

考えたくもありません。

その後は、同じ病院内にあるデイケアに通所することになっ

たのですが、それまでの入院の苦しみに比べると、まるで天国のようでした。

こうして、私は徐々に自分を取り戻していったのです。

私の入院生活 完

「あなたは、統合失調症ではありません」

「統合失調症？　『統合失調症の疑い』ではないの？？？」

たまたま出会ったドクターは、大層不思議そうにこう言っていました。
直接お話もしましたが、私の文面や話し方を見ても、なぜこの病名がついたのか、理解に苦しむようでもありました。

お久しぶりです、謙児です。

知っている方も、そうでない方も、こんにちは。
２年ほど前からブログを書き始め、いろんな方に読んでいただけたことに深い感謝をしています。

以前、どのようなことをやっていたのかは、このブログサイトの過去ログにありますので、ご関心のある方はご参考ください（巻末をご参照ください）。

さて、これからのテーマは「自分の正しい病名と、治療法とは何か」ということ。
自分自身、ブログを始めたあたりから疑問を感じ続け、また、主治医などに訴えたこともあったのですが、一度ついた「統

合失調症」という病名を覆すのは、容易なことではないよう
です。

以前から、「精神疾患持ちとは、とても思えない」という声
も多数いただいていたのですが、実際はブログの表面に出し
ていなかっただけで、気分高揚による妄想やパニックは、頻
繁ではないとは言え、症状として日常的に出ていました。
また、就労してみると直ちにこういった症状が出て仕事が続
かないため、やはりそれを認めざるを得なかったのも確かで
す。

それで、実は自分で病識もありましたし、長年同じ病名で通
されていると、やはり病名には間違いはないのか、と思いこ
んでしまっている部分は多分にありました。

ところがいざ、そうではない、という見方をするドクターが
現れてみると、「やっぱり、病名は適切ではなかったのか」
という思いが大きく湧いてきたのも事実でした。

やはり、自分の中の奥底では、誤診ではないのか、という思
いが大きくあったのですね。

とは言え、詳しくは書きませんが、私が統合失調症と病名が
ついた当時は、それと診断されても不思議はないほどのひど

い状態でしたし、ドクターが違っても、やはりそう診断されるのも無理はなかった、と振り返ってもいます。

それから時は流れ、10年が経過しましたが、不思議と徐々に症状は軽減され、「回復まであと一歩」と思える状況にまでなりました。
一方で、前述の通り何度も就労にもチャレンジしているのですが、現状では悉く失敗に終わっているのが歯痒いところでもあります。

しかし、ここまで治ってみると、もはや「統合失調症」という病名は、明らかにふさわしくはないようにも思えるのです。最初から幻聴や幻覚はありませんでしたし、普段接している福祉関係者の方も、やはり他の人とは違う、と感じていたようでした。

ここで、そもそも「統合失調症」とはどういうものなの？という話にもなるわけですが、その昔（精神分裂病と呼ばれていた時代）は、たとえ就労しようにも、採用試験を受けるのさえ困難な人を指すものであったはずが、現在ではかなり拡大解釈される傾向にあります。

あえて一言で言うなら、考えがまとまらないような状態だっ

たり、なかなか適切な病名が見当たらない場合につけられる、というのが私の認識です。

ですから、昨今統合失調症を解説する書籍は多数ありますが、実際の解釈運用はドクターによってマチマチであり、「絶対的にこれ」という規定は、日本にはまだ存在しない、というのが私の見方でもあります。

そのため、最近統合失調症でも完治したとか、就労してみたら続いている、という人も多いのですが、そういう人はその昔であれば、この病名はつかなかった可能性は高い、と思ったりしています。

もちろん、現状の拡大解釈を咎める権限は私にもありませんが、比較的軽度の人には、もうワンランク下の病名も存在してもいいのではないか、と感じるところです。

話を戻します。
それで、とあるきっかけで交流があった別のドクターは、別の病名を私に宣告したのですが、なにぶんメールと電話でやりとりしただけですから、鵜呑みにはしづらい部分はあったのですが、近県の別のドクターを紹介してもらったので、赴くことにしました。

そこで宣告されたのは、

「あなたは、統合失調症ではありません」

ハッキリしたその一言でした。
それでは何なのか、というと次2つの通りです。

「アスペルガー症候群」
「PTSD」

ただ、普通の関係者であれば、10年付け続けられた病名の
ほうを信じるものです。
この病名も合っているかは、私にも正確にはわかりませんが、
その可能性を信じ、闘いに挑むことにした次第なのです。

今回、発達障害であるアスペルガー症候群だと即座に診断された理由

こんにちは、謙児です。

単に「発達障害」とだけ記述してしまうと、知的障がい（知能遅滞）の分野まで含んでしまうので、広汎性発達障害と表現したほうがより的確かもしれません。

何故今回、検査もせずにすぐこの診断名が出たのか、と言うと、私自身が幼い頃のことから尋ねられて、的確に答えられた点が大きいでしょう。

従来は、
「過去のことはともかく、今どういう症状が出ているのか」
だけで診断されるケースがほとんどで、20年前であれば、自分から申し出てかつ、ドクターも大人の発達障害の知識がないと、この診断名はなかなかつかないものでした。

これまでにも何度か病院は変えているのですが、改めて尋ね直されることもなく、前の病院の紹介状に基づいて診察されていましたので、自分でも気付くのが大幅に遅れたものと思われます。

アスペルガー症候群については、知能ではなく、社会性や対人関係能力の発達に遅滞があった、と解説されることが多いですが、平たく言うと、私の場合はずっと学校に馴染めなかったことが、要因として大きく挙げられると思います。

もともと、社会性が遅滞していたから馴染めなかったのか、馴染めなかったから、遅滞が発生したのかは、今となっては突き止めようがありませんが、不登校こそなかったものの、無理して学校に通って、それだけで疲れ果てていた点は否めません。

つまり、いつ爆発してもおかしくない爆弾を抱えたまま社会人となり、ついには本当に爆発して統合失調症のような症状として現れてしまった。

私はこう考えています。

社会人になってからの過労のみが原因で、ここまでに至ったとは、やはり考えづらいのです。

ですので、アスペルガーだと断定できるかどうかはこれから検査等の結果も考慮せねばならないですが、幼い頃から広汎性発達障害だったと考えるのは、自分ではごく自然だと思えます。

また、学生のころから対人恐怖や社会不安の状態があったのは、克明に覚えています。

ただ、歳を重ねるにつれ、少しずつは緩和されていったので、よもやこれが病気だとは思ってもいなかったのですが、実際に私は初めから口にもしなかった、PTSDという病名までついてしまいました。

私はてっきり、虐待とかそのレベルを経験した人の病名とばかり思っていたのですが、その後に調べてみると、私は特にフラッシュバックの症状が顕著だと自覚できました。

実は、「思い出し笑い」ならぬ、「思い出し怒り」することが、私はとても多いのです。

それも、30年以上前の高校生の時のこととか思い出して、今怒ったり、実際にしているのです。

これは、自覚はしていましたが、自分の癖のようなもの、とばかり思っていました。実にマヌケです。

どう考えても、これがフラッシュバックなる症状です。

逆に、大学生以降のことは、悪いことを思い出してもこうはならないですから、およそ20歳頃までが、最も病的に過敏だったと考えることができます。

とは言え、もし病名が違うことが確定したとしても、私の場合はどこまで治るのかは未知数です。
治療法や薬はありますが、社会復帰できるまで回復させることができるのか、それはやってみないとわかりません。

ですが、この診断は自分にとっても十分に納得でき、説明できる状況ですので、ぜひとも、この線で治療にあたりたい気持ちは、今とても大きくなっています。

様々な障壁はありますが、ひとつずつ解きほぐして、納得のいく治療を受けたい、と今情報収集に余念のないところでもあるのです。

ちなみに、以前私は付けられた病名に左右されないように、とも書きましたが、精神障害でなく発達障害だった、というならそもそも障害の種類が違うわけですから、話は別です。
治療方法にも差異はあります。正しき治療とは、と熟考すべき課題も多くあると感じた次第です。

WAIS-III の検査結果

こんにちは、謙児です。

発達障害の知識がある方なら、まず知っていると思うのですが、例に漏れず、私もこれを受けました。
WAIS-III とは、成人用の当時最新の知能検査の名前です。

と言っても、発達障害の検査だけに用いるものでなく、自分の脳の特性を知って、適職を知る手掛かりをつかむために受ける学生なども今は多いです。

また、この結果だけで発達障害と診断される性質のものでもなく、まず成育歴などを尋ねてほぼ診断が確定した時点で、最終確認として、間違いなく発達障害の脳のパターン傾向にあることを確かめる意味で用います。

ですので、私とほぼ同じ結果が出ていても、今まで極端に生活に支障が出ているわけでもない場合、診断がつかないことも、もちろんあり得ます。

私が WAIS-III を受けたのは、少々前になるのですが、やっと手元にもそのコピーがある状態になりましたもので、ちょっと書いてみようと思います。

と言っても、具体的な数値を書くのは控えますが、次に書くことだけでも、十分にご理解いただける、と思います。

WAIS-III は、大きく分けて、「言語性尺度」と「動作性尺度」の２つに分かれます。
この２つの差が極端だと、発達障害者だと出る脳のパターンとの判断基準になり得ます。

それで、私の場合は、

言語性 IQ：3 桁
動作性 IQ：2 桁
数値差：約 30

わかる人なら、スゴい結果が出ていることが、ご理解いただけると思います。

一般的に、差が 15 あれば異常値なんですが、私はその倍でした。。。

なんか、最近はネットで具体的な数値を公開している人も多いのですが、IQ がいずれも 75 程度以上ならば、差が大きくなければ問題ではありません。
しかし、基準とされる差 15 どころか、30 程度差がある私は、

典型的すぎる発達障害脳が出す結果と言っていいでしょう。
もちろん、あくまで指標ですから、数値で深刻度が高いと言える、という意味まではないかとは思いますけどね。

でも、この後押しがあって、アスペと確定したとも言えます。

他にも、細かい分類の数値も出ていますが、これは、今後の対策で使っていくものともなろうかと思いますので、専門家の解説があるまでは、コメントを控えようと思います。

今後、別のテストや検査も受けていくことにはなるかもしれませんが、とりあえず、数値からはこういうふうに判断していくものという例、ということで。

このテストの内容そのものについては、さすがに記述は控えておきます。
ただ、思ったよりかなり難しい問題が出た、とは書いておきます。

私と同じように、精神障害との誤診を疑っている方へ

こんにちは、謙児です。

現在の日本の医療で診断可能な、より正しく納得できる診断名にやっと正式に変えることはできたのですが、大変なのは、これからだろう、と思っています。

と、いうのも、私の年代で新たにアスペルガーと診断された人はいますが、10年統合失調症と診断されていたのに、本当はアスペルガーだったと診断された、なんて人、どのくらいいるのでしょうかね？？？

少なくとも、ネットでそんなことを名乗っている人は、私しかいません。

ですので、差し当たり医療機関は何とかなりましたが、ぴったり適合する支援機関は存在しない、とも言えます。

首都圏や関西圏では、大人の発達障害の支援機関はありますけど、はじめから発達障害と診断された人とは、私はまたかなり事情が違うと思ったりします。

ということで、社会復帰を目指すのはいいのですが、モチ

ベーションだけ高くても、ブランクは長いわけですから、難航を極めることになろうかとは思います。

それで、精神障害と診断されていても、発達障害を疑っている人は、診断だけならば専門医に診てもらえば可能は可能です。
もっとも、診断をされていないのに、疑いが高いとか、自分で名乗るのは、私はどうかと思いますけどね。

本当は医学が発展していないせいでグレーなどと言われるケースもあると思いますが、現実問題として、医師にはっきりと診断されないと、残念ながら公の医療や支援は受けられないのです。

そして、精神障害でなく発達障害だったと診断された場合でも、そこから先は困難を極めることは肝に命じてください。

また、発達障害もあるけども、既に精神障害も併発している、と診断されることもあると思います。

その場合でも、私とは事情が違うことになりますので、私の言うことは参考にならないことになるのも、ぜひご承知置きください。

その上で、私と同じような経過を辿って、同じように診断さ

れた、という場合。

まず、それまでの誤投薬をいかに改善していくかがキーポイ
ントとなります。

発達障害のみしかない、と診断した病院では、現在の制度で
は、その範疇で日本で認められている薬しか、もう出せない
ことになるのです。

これは、どういうことか、
というと、「離脱症状」という言葉を聞いたことがあるで
しょうか。
誤投薬であったとしても、長年その薬を飲み続けていたのな
ら、急に完全に抜いてしまうことで、禁断症状のようなこと
が起こる可能性が、極めて高い、と言えます。

そのため、基本的には、急に薬を変えてしまうと、逆に大き
な不調が生じ、症状が悪化する危険性が大きいのです。

ですから、慎重に少しずつ薬を抜いていく必要があります。

つまり、精神障害のままにしておかないと、離脱症状の時の
ための薬はもう出せないことになるのです。

これに理解を示して対処してくれるドクターは、そうはいな

いでしょう。

あくまで、別の専門病院で診断を受けた後の話になりますが、
自分で減薬するほどの気概も必要になろうかと思います。
診断名を変える、ということは、これほど厳しい事情もある
のです。

今日は、それをお伝えしたかったのです。

昔の診断名は、前々から違うとは思っていたけれど

こんにちは、謙児です。

実は、前々から以前の精神障害の病名は「なんか違うな」とは思っていたのですが、だからと言って初めから「アスペルガーに違いない」と思っていた訳ではありませんでした。

ただ、可能性のひとつとしてあり得るのかな、と思っている程度で、少なくとも、今の症状は単なる神経症的な症状だな、という印象だった、ということです。

もちろん、何度も就労は試しましたが、その症状が大きく露出して悉くダメだったので、何らかの障害にはなるんだろうけども、それでは一体何なんだ？といった感じが正直なところでした。

ただ、ここでひとつあらかじめ、実際に感じたことを言っておきたいのですが、世の中の人の反応は、精神障害じゃなくて発達障害だった、と言っても、「だから何？」といった印象である、ということ。

これは、精神障害を実際に持っている人や、少々知識を持っている人に言ってもそうです。

「どっちでも一緒」
「要するに、アタマおかしいことには変わりない」
「診断名が変わっても、生活に何の変化があるのか」

こういう感じでしたので、私もネットで啓発するようなことはやめました。

やはり、劇的な診断名の是正に成功した、とは全然気付かれないようです。
ですので、変わったことで、どういう将来の可能性が出てくるのか、という話をしてみたところで、受け流されるだけのような気が大きくするので、私はほとんど誰にも話していないような状況です。

話を戻すと、私も回復のための病気の情報はいろいろ収集していたのですが、正しくはアスペルガーだったと疑い出したのは、とある実際の医師の指摘です。

ハッキリそうだと宣告されたのですが、もちろん私も疑うほうが先でした。
ですが、きちんとした病院の具体的な診断できる医師名まで紹介された具合でしたから、狐につままれたつもりで、出向くことにしたわけです。

都合、その後に３人の医師に診てもらうことになった訳ですが、紹介を知らせずに診察を受けたドクターも含まれるのにも関わらず、全て「精神障害ではなくて、アスペルガー」診断され、書類も出た具合でした。

実は、そこまで確かめて、やっと私は自分で納得ができた次第なのです。

また、薬についても精神障害としての薬は、ギリギリまで減らしていましたので（私は、自分で勝手に減薬してはいないのですが……）、急に薬が変わっても、大した影響は出なかったことも幸いでした。

実際には、向精神薬が抜けたことで、顔色も良くなり、睡眠時間も普通で済むようになっています。

また、症状のメカニズムを他人に説明できるようにもなっていますので、より正しい回復や障害者採用での就労の可能性もぐっと大きくなったと言えます（精神障害の方だと、可能性がない、という意味ではありません。私は今まで、自分でも何故精神障害なのか、という説明ができなかったためです）。

こうして今、必死に治療に励んでいます。

もちろん、更に医療が進めば、より細分化した診断名などが出てきて、治療法も新たに出現するものも、あるかもしれませんが、少なくとも私は、悪い方向には進んではいない、ということは言えます。

ですが、先日のエントリーにも書きました通り、私も誰にでも診断名の是正をお勧めするものではありません。

やはり、薬を変えていくことに抵抗がある人のほうが、はるかに多いでしょう。

また、本人が可能性を考えることに大きく納得していないと、診断名が違っていることが合っていたとしても、挫折する危険性のほうが高い、ということは、ハッキリと申し上げておきます。

その上で、私はこういう事情だったのだ、という今日は参考としてのご紹介をしてみました。

これと全く同じことをすれば、汎用的にできる方法とは決して言えない、とは念を押すようですが、今一度申し上げておきます。

適切な方法は、本当は自分や身内でないと判断できないものでもあるのです。

状況把握や認知の異常

こんにちは、謙児です。

今日は、私の特性と思われる話。というか、この話を書いて
しまうと、この疾患名について私が言えることはなくなって
しまうことにもなります。

私の特性は恐らく認知機能の不全でしょう。

よく私は、
「言われても、言われても、わからない」
「気付くのが遅い」
「視野が狭い、アンテナが低い」
「自己チュー」
「考え方がおかしい」

このようなことを言われていたことが思い出されるのですが、
そう言われても具体的にどこが、とは私には理解ができてい
ないのですね。

ただ、そういう面があることだけはわかっていましたから、
いつも気にして不安や焦燥に駆られていた訳ですが、そもそ
も認知機能に不全があるのですから、いくら態度などで示さ

れても、悪いことだけはわかるものの、どこが、とは本当は
わかっていない場合もあったのだとは思います。

ですから、社会生活に支障が生じても当然と言えば当然です。

ただし、理解できるようにきちんと説明されれば、恐らく私
の場合は理解がいずれはできるのだと思います。

こういうトレーニングを積み重ねれば、定型脳に近づけるよ
うな気もしなくはないのですが、そもそも機能障害であった
とするなら、近づけることはできても、同等にできる、とま
では言えないのかもしれません。

というのが、私の一応の結論付けではあります。

ですので、この件について私自身が深く考えようとするのは
終わりにして、あとは専門家に任せたほうが適切だろう、と
は判断しました。

ということで、私もいろいろと資料を漁ったりしたものです
が、こういう結論が出た、ということでこの件を考えるのを
止めるべきでしょう。

たぶん、余計に混乱しておかしくなる気がします。

ブログには、ただ日々感じた日常などを私は書こうと思います。

たぶん、私と同じような部分で、機能障害がある方は、いくら自問自答しても答えは出ないと思いますよ。

この稿も、親とじっくり話していくうちに、出たものでもあります。

ということで、この手の私のお話は、これで終わり、ということにしましょうか。

ちがーう！

こんにちは、謙児です。

あれから随分月日が経ってしまいましたが、結論から言うと、私は薬を変えたことで、しかも自分で勝手に減薬も試みたことで、ますます悲惨の一途を辿ることになりました（最近現れた幻聴さんが薬飲むな、って言うんです）。

３ヶ月後、幻覚・幻聴の症状が露出しました。
「私は神だ、テレパシーも使える」
こんなことを言い出したそうです。
そして、実家で深夜に部屋にあった書籍類を窓から全て投げ捨て、
「破滅だ、破滅、破滅、破滅ー」
と、灰皿に火を焚いて念仏のようなことを唱える。

こんな現象は初めてでしたが、統合失調症の症状まさにそのまま、といったところです。自分は常に監視されている、という感覚もありました。

慌てた両親は、翌日私を入院施設のある病院に連れて行きました。
結果、即入院となり、隔離病棟に入ることになります。

しかし、私は病名だけは覚えていたようです。
主治医から、自分の病名は何と思うかと問われ、
「アスペルガー症候群」と答えたところ、

その主治医は
「ちがーう」
と一言。

苦労して３人のドクターに診断確定されていたのに、この発達障害の見識の無い医者の一言で統合失調症に舞い戻ることとなりました。
結局あの奔走は何だったのか、絶望することにもなります。

そりゃそうでしょうねぇ。自分が一番偉い神だとか言ったり、部屋の中で火を焚いたりとか、そこだけ見れば統合失調症に他ならないですからね。

あの幻覚・幻聴は何だったのか、今も私でもわかりません。向精神薬を誤投与すると、本当に薬を抜いたときに幻覚などの症状が現れるのか、とも考えてみましたが、後に行くことになる別のところの医師は「飲んだから、ってそうなる筈はない、気はあったのではないか」とも言われた次第です。

こうして、統合失調症としての治療が為されることとなりました。

ただ、合う薬がなかなか見当たらず、リントン・タスモリンといった昭和の時代に投与されるような組み合わせを処方されました。

まあ、それで回復したので、まだ良しとすべきですが、よく深刻な副作用などが出なかったものです。

で、わかったのは、仮に本来はアスペルガー症候群が正しかったとしても、統合失調症の薬に慣れて長期投与されてしまうと、もう手遅れだったのではないか、ということで私の中では片付けるしかなかったように思えます。

アスペルガーと診断した３人の医師も、どこかその先については逃げるような感じはありました。

精神科の医師ではありませんが、その後「既に、いろんな薬を飲まされているから、もう駄目だ」とも聞きました。

その病院には３ヶ月の入院でしたが、その多くを隔離病棟で過ごした私は、退院時には随分げっそりしていたようです。

幻覚や幻聴はないが、目つきも暗くフラフラしているというか、そんな有様でした。

両親が面倒を見る、というので、これでも早めに退院させてもらえたほうでもありました。

でも、それからは快方の一途で、その病院のデイケアに通えるようにもなり、また、就労グループに参加しないか、とお声がかかるほどでした。

ただ、これらの件でずいぶん引きずっていた私は、既に就労、という意欲は無くしていました。グループには参加しましたが、何となく、ってなスタンスで達観していたようにも思えます。

でも、そんな意識もそのうち薄れるかな、とぼんやり考えてもいたりしました。

気がついたら足がなかった

こんにちは、謙児です。

それからは順調に回復し、先に書いた通り、ひとりでデイケアにも通えるようになりましたし、顔色も日に日に良くなっていたようです。

そうこうしていると、両親からある提案がありました。
「宮崎に帰らないか」と。
私はそれまでの人生の多くを福岡で過ごしていましたが、近隣に親戚はおらず、老後の心配もあってか、両親の実家である宮崎に帰ろうという希望を具現化できるまで、準備は整ったようでした。
確かに、私も両親がいなくなったときのことを考えると、親戚の多い宮崎へ引っ越すことで、何かと融通してもらえる期待値もあります。
そこで、私もついていくことにしました。

そうして、私も準備に取りかかっていました。しかし、そこから記憶は曖昧になります。長い長い夢を見ているようでした。

気が付けば、そこは薄暗い病室でした。そこが福岡市天神に

ある救急病院であることは何故か自覚していました。

熱が出たので、アイスノンをしていて、新しいのと交換して
ほしいと看護師に頼んでいる……そこで我に返りました。

「！！！」

気付くのに、そう時間はかかりませんでした。両足が膝下か
ら無いのです。

と、父が見舞いに来てくれました。そこでまず足の件につい
て訊いたのですが、何故か答えません。ただ、精神科の担当
医師に訊けと言うだけでした。

「でも、これで身体もあるので障害年金の額が増える」

精神疾患で散々今まで痛い目に遭い続けていた私は、この程
度の身体障害が増えたって、もうどうってことなかったので
す。

それで、何故足がこのようになってしまったかは、日に日に
明らかになります。

まず、福岡の実家でOD（オーバードーズ）したそうです。

そして、救急車で内科の病院へ運ばれ、胃の洗浄などして事
なきを得る、筈だったのですが、その後精神科の病院に入院
することになります。

今回は隔離病棟から一般病棟へすぐに移れたようですが、私

が、院外への外出を希望し、家族同伴なら OK ということで、母に頼んで、車で外出。病院近くの踏切で引っ掛かって電車待ちしていたところ、私は車から飛び出し、やってきた電車にダイブしたとのことでした。

その後、ドクターヘリでその福岡天神の救急病院に運ばれたのだとか。

夢とも幻覚妄想ともつかぬ記憶で、一部は記憶にほんのり残っていますが、私が本当にそんなことを？

そんなパラレルワールドにでも放り込まれた気分でした。

でも、足を切断しただけで済んだのは、まだ不幸中の幸いだったのかもしれません。脊髄の損傷はなかったので、足の上半分含め、その他は異常ありません。義足を作れば、十分杖で歩ける、とのことでした。

この時既にリハビリは開始しており、PT（理学療法）OT（作業療法）も絡めて毎日少しは忙しい日課になっていたようでした。

こうして、その救急病院は2ヶ月で退院し、見覚えのある大学病院へ転院することになります。薬もジプレキサ・リスパダールが主の軽い処方に変わりました。

大学病院では8ヶ月と長期の入院になりましたが、リハビリで歩行器から杖へと順を追って歩けるようになりました。ここで、最初の義足も作りました。

こちらでは外泊も経験しましたが、もう大丈夫でした。

こうして、ちょっと遅れましたが家族3人で宮崎の地へ向かう運びとなったのです。

そして、オマケもつきました。その大学病院には私のカルテも残っていたので、主治医が再び「アスペルガー症候群」の疾患名も加えてくれました。

もっとも、統合失調症の病名も併記されていましたけどね。

今は、このようなスタイルで診断書が書かれるケース、増えてきたと後に知ることになります。

風呂にリハビリに生活介護

こんにちは、謙児です。

宮崎に引っ越し、まず市役所に赴いて、福祉サービスの案内を乞うことができました。

制度が変わったらしく、相談支援事業所の一覧をまずいただきました。

そうしてその一つに電話したところ、支援員さんが家まで来てくれ、どんなサービスがあるとか、契約の仲介なども行っているそうで、まずは入浴介護のサービスについて説明を受けました。

そして、リハビリも継続してしたいこと、日中の過ごし場などの相談もしてみました。

結果、入浴介護はヘルパーステーション、リハビリは最近支所が近くにできた訪問看護ステーション、日中の過ごし場は生活介護（障害者向けのデイサービス）の利用、とのことで提案を受けました。

そして、受給に至る訳ですが、入浴介護はほどなくして一人で浴槽に出入りできるようになったため、卒業となりました。

リハビリは週2回、家まで来てくれるので、これもスムーズでした。

今でも来てもらっていて、体幹のトレーニングから杖で歩行

訓練まで、45分間みっちりやってもらっています。

生活介護は、行ってみたら私よりはるかに重度な人ばかりで、最初は昼食を食べに行ってる感はありましたが、職員さんはいつも知恵を絞ってレクリエーションのメニューを考えていてくれるので、私も楽しむことができる内容でした。また、私は数少ないマトモに喋れる人なので、職員といろいろ会話できる点も大きいです。

こうして、身体と精神障害者ではあるものの、生活の基盤は整ったと言えます。

在宅勤務!?

こんにちは、謙児です。

こうして、支援を受けながら徐々に社会に再び溶け込めるようになったのですが、いろいろ動けるようになって、就労を視野に入れるようにもなりました。

正直、宮崎で障害者の仕事でITのものってあるのかな、とは思っていたのですが、宮崎市内に気になる事業所を見つけました。

宮崎県も噛んでいる、在宅でのホームページ制作育成研修なるものが目についた次第です。月1回は通所せねばならないものの、基本在宅で研修を受ける、という内容でした。

相談支援員さんに報告して、打診してもらったところ、今年度も実施するとのこと。

HP制作は趣味レベルではやったことがあるものの、仕事で通用するところまではスキルとしてなかったので、受けるだけ受けてみることにしました。

願書を出したところ、程なく施設長らが面談に来てくれたのですが、この研修は、ゆくゆくは在宅勤務として就労することを念頭に開催されるのだとか。

期待していいかも、と思いつつ、それから数週間待っていたら、合格通知がメールで届きました。

こうして、在宅での研修が始まったのですが、何のことはなくSE経験ある私にはあっけない感じでした。

と言っても、途中で脱落した人も少なからずいましたので、ある程度の難易度でもあったようです。

研修は10ヶ月に及び、最終課題は架空の結婚式場のHPをノーヒントで制作するものでした。

もちろん、知らなかったところ、できなかったところもありましたが、最終課題は結構いい感じの点数をつけてもらえました。

そうして、修了式。何故か私だけ、その事業所からここで在宅の就労移行支援を継続して受けないか、と誘われました。

しかも、研修は無料でしたが、就労移行支援は工賃も出る、ということです。

私は、そのお誘いを受けることにしたのでした。

就労移行支援では、さらに高度なHPコーディングスキルを学ぶことになります。

そして、待っていました求人情報。いくつかの会社を紹介してもらうこともできました。

ですが、現実はそう甘くなく、書類で落とされたところ、面接には来てくれたものの何だか私を採用する気がなさそうなところ、と連敗が続きます。

そこで、私は自分でも障害者在宅の求人を探すことにしまし

た。

「在宅 SE 募集」
何と、HP 制作ではありませんでしたが、大手企業特例子会社の求人広告を Google のリスティング広告で見つけました。まずは、採用試験を兼ねた研修から、とのことだったのですが、障害者の在宅という条件では、もうここしか持ち駒を持っていなかったので、ここに全霊を賭けることにしました。そうして、研修を受けることができるようになり、久々のプログラミングと格闘していたところ、期限よりも早く仕上げることができました。

そして、運命の結果は、「内定」でした。思えばやっとの思いでここまでたどり着けたものです。
そもそも、精神障害者を雇ってくれるところが無いから起業をって、スタンスでいたのですが、それでも雇ってくれる会社があるなら話は別です。私はその会社に入社することに決めました。

母の死

こんにちは、謙児です。

「恐らく、お父さんより私、先死ぬわ」
生前から母はこういって、終活に余念がありませんでした。
今まで、乳がんと胃がんの手術をしている母、今度はすい臓がんに転移していることが、明らかになりました。
今度こそ覚悟を決めねばならない。そう思い始めた頃でした。
果たして、母はそれから入院が決まりました。
そうして、午前中は仕事、午後からは病院へ見舞い、そんな毎日が続くようになります。
一旦は自宅へ帰れた時期もあったのですが、再入院となり、最後は病院で……75歳でした。
葬儀は親族のみでしめやかに執り行われ、遺言だった、棺桶にお花をたくさん飾って、最後のお見送りとなった次第です。

お骨は、私の弟と同じ納骨堂に入れてあげました。
これで、ひとつの区切りがついた、そんな一幕でした。

それはそうと会社のほう、社長が変わったせいか、契約更新時にきつい労働条件を出してきました。
母の見舞いや葬儀が終わった途端のこの通告、非常に辛辣でした。

主治医にも相談したのですが、「それ、よくわかってないんじゃない？」と呆れるほど。

私は、母を失ったばかりの精神障害者。そんな会社の要求に早々から応えられそうになかった私は、残念ですが、退職という道を選択することにしました。
任期は２年弱ほどでありました。
ま、その間に２回も月単位の休みを取っていた私にも、ある意味問題があったのかもしれませんしね。
ゆっくり、次の道を探そう、そう考えながら過ごす日々となりました。

就労継続支援 B 型事業所

こんにちは、謙児です。

前の会社を退職して、しばらくは母の件もあって、ゆっくりしていました。

ですが、暇を持て余すこともまたしかりで……今度は休みの融通の利く B 型事業所を探すことにしました。

でも、軽作業系しかないかなぁ、と思っていた矢先、自宅から割と近め、と言っても車で 1 時間弱ほどかかりますが、IT 系を扱う B 型事業所ができた、という情報を入手しました。

それで、早速見学に行ったところ、IT 系はデータ入力や企業 DM 発送代行などの業務とのことで、箱折とかよりはマシかぁ、と思い、通所することに決めました。

そうしてクライアントの指示通りに作業してたつもりが「いやぁ、先日先方から感謝のメールが来ましたよ！ 丁寧にやってくれて」と、いきなり褒められる事態となってしまいました。

「え？ もっと手抜いてよかったの？」

私も私で拍子抜けでした。

もちろん、一般就労に比べれば、工賃はかなり低いですが、何もしないよりはいいだろうと、この仕事に精を出している

ところです。

ただ、やっぱり PC 相手なんで疲れることは疲れますけどね。
ボチボチでやれればな、と思っています。

ちなみに、1日2時間で週3日、うち1日は在宅。そんな労働形態です。

出所する際は送迎もあります。

これから

こんにちは、謙児です。

かような感じで、私の50年の人生を振り返ってブログをしたためてみて、出版という夢が今現実になろうかというところです。
他には、父が「オレももう歳でいつまで面倒みられるかわかんないから、グループホームに入れば？」なんてことも言っています。
これを書いている今日はまだ本決まりではないのですが、近々近所に新しくグループホームができるので、この文章が皆さんの目に届く頃には、私はそこに入所しているかもしれません。

でも、せっかく出版して、横のつながりができるものなら、最初は無報酬でも形にできれば、とも思っていたりするところです。

そこで、書籍「夢見る精神障害者」のHPを立ち上げることにしました。
そこに、SNSやチャットを設けていますので、是非気軽に遊びに来ていただければな、とも思っているところです。
URLは下記になります。

http://www.yumegai.net/

それと、書籍化した、と言ってもブログ本編はカットした箇所も多いです。もし反響が大きければ、今回は取り上げなかった記事も、「外伝」という形で世に出すのも面白いのかな、とも思っていたりします。

一応、過去ログ置き場は以下となっています。

大変お見苦しいところもあるのですが、ご参考にしていただければ幸いです。

https://yumegai.hateblo.jp/

それでは、一旦これでお別れとなります。

少しでも役に立ったと思える書籍に仕上がっていたら、私は本望です。

最初の勢いのように事業化する、とまでは今の私の歳では難しいかもしれませんが、これも叶うものならやってみたい所存です。

また、お会いできる日を信じて。

謙児でした。

高森　謙児（たかもり　けんじ）

1971 年、宮崎県生まれ。福岡県にて育つ。1996 年、明治大学政治経済学部卒。卒業後は一旦営業職に就くも、その後技術職に転身する。2001 年、初めて精神科病院に入院。退院後は就労を目指すも長期間労働するのが困難となり、再就職と再入院を繰り返す。

現在は、グループホームで生活しつつも、就労継続支援 B 型事業所で IT 関連の作業に従事する傍ら、新たな障害者啓発活動が出来ないかと、模索中。

夢見る精神障害者

2023 年 10 月 6 日　第 1 刷発行

著　者　高森謙児
発行人　大杉　剛
発行所　株式会社 風詠社
　　　　〒 553-0001　大阪市福島区海老江 5-2-2
　　　　　　　　　　大拓ビル 5 - 7 階
　　　　℡ 06（6136）8657　https://fueisha.com/
発売元　株式会社 星雲社
　　　　　　　（共同出版社・流通責任出版社）
　　　　〒 112-0005　東京都文京区水道 1-3-30
　　　　℡ 03（3868）3275
印刷・製本　シナノ印刷株式会社